20世紀
中國科學家口述史

袁隆平
口述自傳

袁隆平　口述
辛業芸　訪問整理

開明書店

序　言

我與袁隆平同志相識，已經快 40 年了。那是我在湖南工作的時候，我們相識的媒介，就是他的雜交水稻研究。如今，他已經是全中國和全世界聞名的科學家了，而我卻垂垂老矣！《袁隆平口述自傳》即將出版，編者要我為該書寫點什麼，我很愉快地接受了這個任務。

袁隆平的雜交水稻研究，始於 20 世紀 60 年代，那是一個特殊的歷史時期。由於「四人幫」的瘋狂破壞，國家的經濟秩序被徹底攪亂，人民生活非常困苦。湖南本來是一個農業大省，是歷史上有名的魚米之鄉，但那時老百姓的溫飽問題都難以解決。我作為省裏的主要領導人，對老百姓的「吃飯」問題非常憂慮。而且，毛主席當時的「世界革命」的思想，也促使我們了解到全世界的糧食問題的嚴重性。為此，我好像在困難中看到了一個亮點。

中國是傳統的農業大國，如果雜交水稻研究取得成功，那將是對全世界的一個劃時代的貢獻。毛主席對農業的高度重視，鞭策我對這一重大科研課題給予關注。早在 1970 年，袁隆平和他領導的科研小組，經過幾年的艱苦努力，取得了突破性的進展，湖南省領導機關（那時中共湖南省委尚未恢復，還是「革委會」時期）就對他們的成果給予了充分的肯定。我和袁隆平曾做過一次愉快的交談。他的坦誠，他的質樸，他的科學思維，他的科學視野，都給我很深的印象。我告訴他，要將水稻雄性不育系的材料，拿到群眾中去搞，並要求有關地市和部門大力支持。對於科學研究，我是個外行。但我知道，農業生產要發展，就得依靠農業科學的進步；而農業科學的進步，離開農民和土地，是不可能成功的。作為一個地方的領導人，支持和幫助他的科研項目，是我的天職。大概從那時候開始，我們之間就建立了一種友誼。此後，雜交水稻在湖南推廣試驗，取得了成功。湖南的糧食生產，迅速上了一個新台階。1975年，我已經到北京工作。他們為了將雜交稻向全國推廣，碰到了困難。我聽取了他們的匯報，決定從財政上給予支持，並及時要求南方 13 個省、市立即行動，推廣雜交水稻。後來的實踐證明，雜交稻的大面積推廣，取得了巨大的成功。這不僅是袁隆平的成功，也是社會主義中國的成功。袁隆平就是社會主義中國的一個當代神農！我長期分享着他們勝利的喜悅。

馬克思説：「在科學的道路上，從來沒有平坦大道。只有那些不畏艱險在崎嶇小路上攀登的人，才有可能到達光輝的頂點。」我想：袁隆平就是這樣的人。本書所記述的關於他從事雜交稻研究的詳細過程，以及蘊藏在這一過程中的科學精神和偉大人格，便是明證。

現在，中國正處在一個飛速發展的歷史時期。和世界上先進的發達國家相比，我們的科學技術還有一定的差距。我們需要千萬個袁隆平。袁隆平的奮鬥精神在鼓舞着我們，炎黃子孫應該急起直追。

中華民族的偉大復興指日可待！

華國鋒

二〇〇八年四月十八日

目　錄

第一章　家世

清代雍正年間，從第十一世祖開始，
我們家的族譜排輩的字序是
「大茂昌繁盛，興隆定有期，
敬秉先賢業，常遇聖明時」。
我是「隆」字輩。

我對我家祖上事情的了解十分有限，只是有位叔叔，曾經整理過一份《西園遷徙》的小資料，對此有很簡要的概括。從中我了解到，袁家中我們這一支脈，在明代的時候落腳在江西德安縣南郊坡上的青竹畈，在那裏世代務農。清代雍正年間，從第十一世祖開始，我們家的族譜排輩的字序是「大茂昌繁盛，興隆定有期，敬承先賢業，常遇聖明時」。我是「隆」字輩。

我的曾祖是「繁」字輩，他有兄弟四人，取三綱五常中的「仁、義、禮、智」排名。我的曾祖父袁繁義排行第二，生於 1840 年，就是爆發鴉片戰爭的那一年。後來在太平軍起義的戰亂中，因偶然的機會，曾祖父弟兄們得到了一筆意外之財——那是押運餉銀的清兵遭遇太平軍的追殺而捨棄的銀錢。幾兄弟從此棄農經商，家道也由此興旺起來。到清光緒己丑年間（1889 年），四兄弟離開了青竹畈，去到德安縣城發展。他們齊心協力，苦心經營，逐漸有些積蓄，於是在縣城裏建起了大約有千餘平方米的住宅，當時在城中就是第一大宅了，被後世稱為「西園袁氏」，算得上是縣中的「望族」。

這個大家族到 20 世紀 20 年代分了家。我祖父袁盛鑒，建宅於縣城北門，取名「頤園」。我小時候從北平回老家住過幾年，就是在頤園。在 1938 年的武漢大會戰中，江西德安成為敵我雙方的必爭之地，袁家在德安的家產大多毀於戰火。不過，在此之前，我已隨父母到了武漢，躲過了這一劫。

曾祖父那一輩因從務農轉到經商，命運有所改變，觀念也隨之改變，開始重視對後代的教育。因此，祖父盛鑒公考中了舉人。廢除科舉制度之後，他又隨時代而變，從舊式的讀書人成為新型的知識分子。在清末籌劃憲政的時期，他曾進入江西地方自治研究所學習。辛亥革命以後，由九江五縣同鄉會公舉，他做了兩年的「知事存記」，大概相當於現在縣政府裏的辦公室主任，再後當選為江西省議會的議員，做過縣裏高等小學的校長，縣農會會長，還曾被委任為廣東文昌縣縣長。但他到海南後，因語言障礙，難以開展工作，就遞交了辭呈。

我父親袁興烈生於 1905 年，原來住在德安縣城北門。他畢業於南京的東南大學，就是後來的國立中央大學和南京大學，畢業後也在縣裏擔任過高等小學的校長和督學。20 世紀 20 年代到 1938 年在平漢鐵路局工作。我父親很有愛國心，在鐵路上做了很多為抗日戰爭運送軍火和戰略物資的工作。在抗戰期間他還曾發動一個企業家捐獻了 500 把大刀，贈送給西北軍的「大刀隊」。可能是因為這個機緣，後來他受到西北軍的愛國將領孫連仲的器重，做了這位上將的祕書。再後於 1947 年底調到南京國民政府僑務委員會任職，做事務科科長。

我母親華靜，原名華國林，是江蘇鎮江人，生於 1902 年。母親有個妹妹，叫華秀林，是協和護士學校畢業的。我外公去世早，外婆年紀輕輕便守寡了，後來母親就隨外婆寄居在舅公家。舅公叫許忠真，我們小的時候都曾去過舅公家。舅公有兩個兒子和一個女兒，我們也都見過。過去我們一度失去了聯繫，20 世紀 70 年代我曾託人去尋找這些親戚的下落，卻如石沉大海找不到。但最近終於有他們的後人寫信過來，我們之間總算又續上了失落已久的親情。現在，我舅公的女兒還在世，叫許金秋，有 89 歲高齡了。

我母親早年在江蘇鎮江教會學校讀高中，畢業後就在安徽蕪湖教書。在這期間，認識了在南京東南大學讀書的父親，後來他們結了婚。

母親是知書達理、賢惠慈愛的人。她是當時少有的知識女性，我從小就受到她良好的熏陶。我的英語是我母親發蒙的，很小時我就跟着她唸：This is a book. How are you⋯⋯後來上學，我的英語課從來不複習就都是高分，我覺得很容易，因為我有基礎。母親對我的教育影響了我一輩子，尤其在做人方面，她教導我做一個有道德的人。她總說，你要博愛，要誠實。

我家兄弟姊妹六人[1]，在那戰火紛飛的年代，我父親對我們的教育從未有過絲毫的放鬆，不管輾轉到哪裏，都把我們送進學校讀書。我們家自曾祖起，就有一個重視教育的好傳統。我生長在這個家庭中很幸運，是這一傳統的受益者。

我家雖然祖籍是在江西，我自己卻是出生在北平協和醫

1　袁興烈還曾有過一次婚姻，與劉梅菩生女袁惠芳，為袁隆平同父異母之妹。

院。因為生在北平，便取名「隆平」。當時，我的姨媽華秀林是北京協和醫院的護士長。最近欣然獲得了我在協和醫院的出生證明，並根據協和醫院的記載榮幸得知，我是由林巧稚大夫參與接生的。查了一下林大夫的傳記資料，她生於 1902 年，和我母親同歲。她 1929 年 6 月畢業於協和醫學院，7 月成為協和醫院婦產科的第一位女大夫。另外，根據協和醫院的檔案，我出生時，家住西城舊刑部街長安公寓。據北京來的同志告訴我，那個地方應該是位於現在的民族文化宮一帶。後來我們家搬到了東城金魚胡同 10 號，是現在的王府飯店那一帶。

我很感謝林大夫，感謝協和醫院。

我在兄弟姊妹六人中排行老二，因此小名叫「二毛」。我的幾兄弟名字基本上都是按出生地取的。我哥哥隆津，大我兩歲，是在天津出生的；老三隆贛，給他取名字的時候，我們家已經離開北平而回到江西老家了；四弟隆德於 1932 年出生於老家德安，算是真正的德安人；五弟隆湘，出生地是湖南的桃源。從我們弟兄取的名字看，反映出一段遷徙的歷史，自我之後算起，可算是在抗戰時期舉家顛沛流離的歷史寫照。

我有個妹妹袁惠芳，是我同父異母之妹。少小時我們全家逃難到了重慶，一起生活了 8 年時間，讀書、做遊戲，關係很融洽。那時我很喜歡到嘉陵江游泳，惠芳總是跟着我，坐在沙灘上幫我看衣裳，順便揀點漂亮的貝殼、鵝卵石什麼的，非常開心。後來她回了德安，我們曾經很長一段時間失去了聯繫。歲月不饒人，我們重逢時都老了，但她仍是性格開朗，正直、善良，心態很好，很有人緣。

九一八事變，日本侵佔了中國東北。因華北局勢驟然緊張，我母親帶我們南遷，回到老家江西德安躲避了幾年。那時我還很小，記憶中我的祖父是位不苟言笑的老者，我們很怕他，不敢隨便講話，吃飯的時候也是規規矩矩坐着，老老實實地吃。我生性調皮，記得有一次，因為我對祖母那桿可以「咕嘟咕嘟」冒泡的水煙袋很好奇，趁沒人的時候就拿到嘴裏吸了一口，嗆得我受不了，一撒手，水煙袋掉在地上，摔壞了，祖母拿着煙管來敲我的腦殼。長大一點後，祖父就教我們認字。我有時因為貪玩不用心學，還被打過手心。

因為我游泳游得好，就由我當同學們的教練，教他們游泳。在北碚夏壩的時候，前面是秀麗的嘉陵江，我們經常沿着一溜下到江邊的石階去游泳。有時為了去對岸看電影，我就將衣服頂在頭頂上，游過去了再穿，這樣就省下過渡的幾分錢。

1 母親懷抱 1 歲的袁隆平，哥哥隆津坐在旁邊
2 袁家故居頤園位於江西省德安縣城北門路東段。圖為頤園故址所遺石墩

1
2

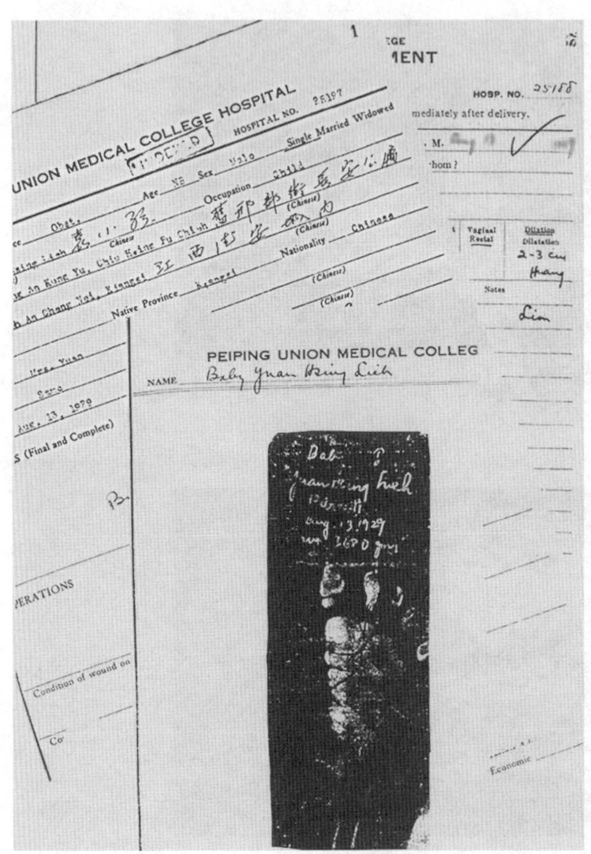

UNION MEDICAL COLLEGE HOSPITAL

HOSPITAL NO. 25197

Single Married Widowed

Age NB Sex Male

Occupation Child

Obst.

袁小孩

舊刑部街長安公寓

Nationality Chinese

Native Province Kiangsi

Aug. 13, 1929

S (Final and Complete)

PERATIONS

Condition of wound on

HOSP. NO. 25158

mediately after delivery.

Vaginal Rectal

Dilatation 2-3 cm

Notes

Lim

PEIPING UNION MEDICAL COLLEG

NAME Baby Yuan Hsing Lieh

Aug. 13. 1929

Economic

3 協和醫院檔案記載着袁隆平出生時的有關情況。左上頁記有「袁小孩」「舊刑部街長安公寓」「Aug,13,1929」；右上頁有林巧稚簽字（Lim）；中為袁隆平出生時留下的腳印

第二章　學生時代

我在學習方面喜歡憑興趣，
從小學到中學直到大學都是這樣：
對喜歡的功課，就特別注意聽講，
還讀這方面的參考書，成績就很好；
不喜歡的，就考60分，
只求及格就行。

1936年，我們離開德安，跟着父親在漢口住下來，他仍在平漢鐵路局做事。相對來説，這期間度過了一小段平安寧靜的生活。

1937年7月抗日戰爭爆發，父親在這段時間就忙於給西北軍運軍火和送大刀。1938年武漢失守，我們全家又開始了逃難之旅，從漢口乘小木船沿水路到達湖南的桃源縣暫避一時。同年10月底，五弟隆湘在此出生。父親原定目的地是逃往湘西的沅陵，因為冬季裏河道水淺，再加上聽説湘西土匪很猖獗，決定改道去重慶。於是便重返洞庭湖，再進長江。這一年除夕，一家人是在停靠於湖北宜昌江邊的小木船上度過的，我們全家深感流離失所之苦。之後再由宜昌乘船到達重慶。

抗戰期間，隨着國土的淪陷，中國許許多多的家庭都有舉家逃難的痛苦經歷，飢餓、疾病、死亡，時刻伴隨在人們的身邊。在桃源的日子裏，我親歷過日本飛機轟炸，親眼看到了火光沖天、屍橫遍野的悲慘景象。一到重慶不久，又經歷了「五三」「五四」的大轟炸，目睹了佈滿江邊沙灘上上百具血肉模糊的屍體，一想起來就心裏發緊。不過，這場戰爭也教我從小懂得了一個道理：弱肉強食。要想不受別人欺侮，我們中國必須強大起來。

我的童年和少年生活就是這樣在動盪的戰爭年代中度過的。然而，父母始終沒有放棄過我們上學讀書的機會。在顛沛流離中，我先後進過三個小學，先是漢口的扶輪小學，然後是湖南澧縣的弘毅小學，後來是重慶的龍門浩中心小學。

在班上，成績最好的是三個女同學，我和玩得好的一位同學黎浩常排名在第四到第十之間。我們一起上學，放學一起回家，在回家的路上經常背誦詩歌，在一塊做遊戲。有時需要出點兒小錢時，只要我口袋裏有，我就願意拿出來請客。

我小時候很貪玩。1939 年春，我們一家六口隨父親輾轉湖南等地逃難到了重慶。那時日本飛機經常來轟炸，經常會拉空襲警報，警報一響，我們就不上課了，就要躲到防空洞裏去。但防空洞裏很不舒服，憋悶得很，我們就跑出來，到河邊去游泳。一次我帶上我的弟弟隆德逃學去游泳，被父親用望遠鏡遠遠看見，他氣得提了枴杖就到江灘上來將我倆揪了回去，打了一餐飽的。我以為拉上弟弟，兩個同時犯錯誤，罪責會輕一點，各打 50 大板。結果哪曉得，逃學游泳不講，還拉上弟弟，罪加一等！結果捱板子狠狠地打了一回。

重慶在抗日戰爭期間是陪都，當時已淪陷或部分淪陷地區的機構和學校，有很多都遷往重慶等大後方，漢口博學中學（後簡稱「博中」）就是遷到重慶的一所學校。我小學畢業後，開始是進入復興初級中學，後轉學到贛江中學。當時我哥哥隆津就在遷到重慶的博中讀高一，他認為博中的教學質量比贛江中學好，極力主張我轉學到博中，於是我又於 1943 年轉到博中讀初一。此後，我就一直在博中學習、生活。抗戰勝利之後，1946 年我們家遷回到武漢，博中也遷回漢口，我仍然繼續在博中讀書，前後有四年多時間。所以説我的青少年時期大都是在博中度過的，她是我最感親切的母校，她給予我培養和教育，對我的成長起了決定性的作用。

博學中學是英國基督教倫敦會創辦的教會學校。這所學校在重慶的校址坐落在市郊南岸黃角埡背風鋪。校舍十分簡陋，除一棟學生宿舍屬半磚瓦半土牆結構外，其餘房屋都是用竹片敷上黃泥建成的。但這裏是一處風景美麗的山林，四季鳥語花香。博中的姊妹學校懿訓女中也建在這裏，彼此毗鄰，我們經常聽到隨風送來女中唱詩班優雅的歌聲，很令人神往。雖是教會學校，學校裏的宗教活動並不多，信教與否，完全自覺自願。在校四年多，我只參加過兩次宗教活動，一次是在重慶

博學中學

武漢博學中學前身為漢口博學書院（1899—1928 年）、私立漢口博學中學（1928—1952 年）、武漢市第四中學（1952—2009 年），是一所有着 110 多年悠久歷史的中學。最初的創辦人是英國傳教士楊格非牧師，他於 1896 年受英國基督教倫敦會派遣，來中國華中地區傳教並辦學；第一屆院長是馬輔仁牧師，屬倫敦會的教會學校。由於學校規定每周有全校師生的禱告和做禮拜時間，因而具有典型的宗教特色。舊址曾在漢口後花樓居巷，後遷至當時名為「漢皋」的新址，即現址武漢市橋口區簡易路。1928 年，經由中華基督教會改組，博學書院改名為私立漢口博學中學。抗日戰爭期間，1938 年曾遷至四川江津縣，1940 年又搬遷至重慶南岸背風鋪，直到抗戰結束，又遷回武漢市。隨着新中國成立，編為武漢市第四中學。2009 年恢復「博學」之名，與武漢市第四中學並用。

的懿訓女中聽一位神學院的牧師講道，他演講的題目是「否認There is no God」。哲理很深奧，我聽不懂，因此沒有引起我太大的注意。另一次是在漢口本校的禮拜堂，我純粹出於好奇參加了，但只想見識一下做禮拜的儀式和活動內容而已。

抗日戰爭時期，生活很艱苦，吃的是糙米飯，點的是桐油燈，一兩個星期才打一次「牙祭」。學習緊張而有規律，早上6點鐘起牀，10分鐘後就得洗漱完畢在操場集合做操，但學校的學習和生活氣氛仍然很濃厚和活潑。我們的校長胡儒珍博士，畢業於香港大學，稱得上是一位教育家。他不僅對學生在學習上的要求很嚴，而且要求品德、學習、文體全面發展。因此，學校經常開展文娛、體育等方面的活動。我在這些方面的受益也不淺，喜歡各種球類運動，尤其游泳一直是我的強項，至今我還非常愛好音樂和游泳活動。學校注重文體發展的傳統一直延續至今，聽說1995年全國第六屆中學生運動會就是在博學中學舉行的；2005年在世界中學生田徑錦標賽上，博學中學派出的女子團隊獲得女子團體冠軍的驕人成績。

重視英語教學，是教會學校的特點之一。不但英語由外國人教，物理、化學也是外國老師用英文講課。其他課程不及格可以補考，但英語不及格就得留級，因此，學校學英語的風氣特別濃厚，老師也很講究教學方法。我在漢口讀高一時，就上過三位老師講授的英語課：英國人白格里先生教文章，我還記得第一篇文章的題目是*Northstar*；他的太太英籍華人林明德老師教朗讀和會話；教務主任周鼎老師教文法，他那慈祥可親的面孔和誨人不倦的精神，至今仍深深地留在我記憶中。在那種幾乎是英文的環境中學英語，我當時達到了看英文電影百分之八九十都聽得懂的程度。我現在之所以能在頻繁的國際學術活動中運用英語進行交流，諸如學術討論會、合作研究、技術指導和宣讀論文等等，主要是母校給我打下了良好的基礎。當然，我母親對我的英語啟蒙也是很重要的，她畢業於教會學校，英文很好，對我的影響也是很大的。

後來可惜丟了，直到 1979 年才重新撿起來。要是不丟，我的英文會更好。現在學英文，學習語法很麻煩，我認為應該主要是 Practice，就是要“Speak English everyday，everytime，everywhere”。

回憶在博中的學生生活，至今印象深刻的還有幾件事：

其一，在重慶博中，早晨起牀後便在操場集合做早操。訓育主任胡必達老師總是在起牀鈴一響就馬上趕到學校宿舍查睡懶覺的，手裏拿着一根竹片，敲打那些還在睡覺的學生的鋪蓋，催促他們起牀。一天早上，幾個頑皮學生要捉弄胡老師，他們把幾個枕頭包在鋪蓋裏，假裝成一個學生在蒙頭睡懶覺。胡老師走進來，用力敲打那鋪蓋，但沒有反應，掀開一看，才知道上了當。此時，學生既高興又恐懼，不敢出聲，生怕老師追究而受處分，但胡老師並不在意，只是笑了一下，於是大家才哄堂大笑。

其二，我的班主任老師王育之是語文老師，四十七八歲，卻擁有一副老者模樣，尤其他給我們教古文的時候，就像私塾先生的樣子，搖頭晃腦地講課，十分有趣。有同學會故意去逗樂，問他：「這個東西英文怎麼說？」他就會笑着敲同學的「栗殼」(腦殼)，説道:「你曉得我不懂英語，還用英語來考我！」從中可看到師生間其樂融融。

其三，1946 年秋，大概是聯合國善後救濟總署，給學校送來一批所謂救濟物品，都是一些破舊的衣服和鞋襪。其中有不少是婦女穿的(當時博中是男校)，同學們對此很反感和氣憤。某天做晨操時，很多同學穿上高跟鞋、女式花衣和裙子，扮成各種怪模怪樣和做出各種怪動作，大家啼笑皆非。隨後同學們就把這些東西付之一炬，以示抗議。

其四，1947 年 6 月，湖北省舉辦全省體育運動會，學校挑選了十幾名體格魁梧的同學參加漢口的游泳選拔賽。我非常喜愛游泳，便向體育老師周慶宣報名，要求參加預選。他朝我打量了一番後，搖頭説:「你個子太小，體力不行！」次日早晨，周老師帶隊在前，10 多個身材高大的學生每人騎上一部自行車，一字長蛇地奔向市內某游泳池。我偷偷跳上了最後一名同學的單車後架跟了去。待到達預賽場時，周老師發現了我，便笑着説:「你既然來了，就試試看吧！」結果，出乎大家的意料，我本人也冇想到，我竟在漢口的預選賽中獲 100 米和 400 米自由式兩個第一名，而其他同學，甚至國民黨空軍裏的彪形大漢都名落孫山。從此，體育老師就對我刮目相看。

不久，我便在省運會中取得兩塊游泳銀牌，為學校增添了光彩。我們博中的選手回校時，受到熱烈歡迎。同學們在校門口把我抬起來，往上使勁地拋了多次。

這就是我的母校博學中學，一所注重全面發展的中學，既重視教學質量和品德教育，也十分注重文體發展。我讀書的時候，老師們經常帶領學生們開展各種文體活動，使我受益匪淺。我多次回到母校去探望，重溫少年時的記憶，那在操場上踢足球的印象還不時閃現在眼前，起腳一踢，仍然十分快意！

我在學習方面喜歡憑興趣，從小學到中學直到大學都是這樣：對喜歡的功課，就特別注意聽講，還讀這方面的參考書，成績就很好；不喜歡的，就考 60 分，只求及格就行。我喜歡地理、外文，化學我也喜歡，我考試就拿高分。我最不喜歡數學，得 60 分就心滿意足。記得當時學「負乘負得正」時，我很不理解，說正數乘以正數得到的是正數，這還好理解，為什麼負數乘以負數也得正？我就問老師為什麼，老師不講，只要我呆記。我不懂，那怎麼呆記呢？要講道理呀！從此我便對數學不感興趣了。什麼 sin、cos，背幾個公式，什麼 sinA divided by cosA 等於 tanA，哎呀，真是乏味，讓我頭疼，一點意思沒有。後來學幾何、三角，老師說世界三大難題中，有一個叫做直角不能三等分。我覺得 90 度的角，分成每個 30 度，怎麼不能三等分？他也沒講道理，我於是覺得這個數學沒有搞頭，從此就對數學更不感興趣了。第二個原因，數學題難，晚自習條件差，有時一個晚上一個題目也解不出來。

再說學語文吧。那是剛進贛江中學讀初中時，有一次語文老師佈置寫作文，我在作文中使用了「光陰似箭，日月如梭」的描寫，老師說這是臭文章。從此，我就不用「光陰似箭，日月如梭」這樣的詞彙了，再也不愛使用浮華的形容詞了。

我是個愛把事琢磨透的人，上初中的時候，我在課堂上就喜歡向老師提問題。記得有一次上物理課，老師講著名的愛因

斯坦的質能方程式 $E=mc^2$, 我就想弄個究竟，為此費了不少腦筋，花了很多時間。現在來看，這個最簡單的方程式説明了最深奥的問題。

回想起來，我的求學時代是處在一個動盪的時代中。從初一到高二在博中學習，經歷了從重慶到武漢的時期；高二以後，由於父親調到了南京，在國民政府的僑務委員會做事務科的科長，全家也跟着到南京，我因此進到南京中央大學附中，繼續唸完了高中。1949 年 4 月，南京解放前夕，我和大哥當時是坐的最後一趟火車離開南京，然後舉家又到了重慶。

我考大學的時候，大半壁江山已經是共產黨的天下，全國大部分地方都解放了。國民黨政府管轄之下的大學已經沒剩下幾所了，只是在四川還有幾所大學。我是 1949 年 9 月上旬進大學的。當時我知道重慶北碚有一所與復旦大學有淵源關係的相輝學院，於是我選擇了進相輝學院，選擇農業是第一志願。學農還有個好處，它的數學少，只要搞方差分析，説是統計方面有一點數學，其他沒有。那時沒有計算器，都用筆算或是算盤打，討厭死了，都是些數字。

我之所以選擇學農，其實緣於從小產生的志趣。那是在漢口扶輪小學讀一年級的時候，老師帶我們去郊遊，參觀一個資本家的園藝場。那個園藝場辦得很好，到那裏一看，花好多，各式各樣的，非常美，在地下像毯子一樣。那個紅紅的桃子結得滿滿地掛在樹上，葡萄一串一串水靈靈的……當時，美國的黑白電影《摩登時代》也起到推波助瀾的作用，影片是卓別林演的。其中有一個鏡頭，窗子外邊就是水果什麼的，伸手摘

相輝學院

1939年，上海復旦大學內遷至北碚夏壩建立臨時校址。抗戰勝利後，於1946年6月遷回上海，復旦同學會決定在北碚原址籌辦一所學校。為紀念復旦創始人馬相伯和校長李登輝，定名為「相輝學院」，設文史、外文、經濟、法律、農藝系和會計、農業兩專修科，1946年9月招生。1950年11月，該院的農藝系和農業專修科與省內某些院校的農業科系合併組建為西南農學院。至1952年院系調整時，西南農學院又進一步合併了四川、雲南、貴州多所高校中的農學系科。相輝學院的主要建制併入四川財經學院。

來就吃；要喝牛奶，奶牛走過來，接一杯就喝，十分美好。兩者的印象疊加起來，心中就特別嚮往那種田園之美、農藝之樂。從那時起，我就想長大以後一定要學農了。隨着年齡的增長，願望更加強烈，學農變成了我的人生志向。到了考大學時，父親覺得學理工、學醫對前途應該會很好，但我卻想學農。母親也不贊成我學農，她說學農很辛苦，那是要吃苦的，還說要當農民啦，等等。我說我已經填報過了，還說她是城裏人，不太懂農家樂，有美好的地方她沒看到。我說我以後辦了園藝場，種果樹、種花卉，那也有田園樂！我還跟她爭辯農業的重要性，說吃飯是第一件大事，沒有農民種田，就不能生存……

父母最終是尊重我的選擇，我如願以償地進了私立相輝學院的農藝系。1949年11月，重慶解放。1950年，經過院系調整，私立相輝學院與四川大學的相關系科、四川省立教育學院的農科三系合併組建為西南農學院，我們這個系就改稱農學系了，校址在重慶北碚。我在這裏學習了四年，直至大學畢業。

說實在的，很多人對學農有想法，可我從來沒有後悔過學農。我覺得既然學了農，就應該學以致用，為農民、為國家做點事。1952 年農學院的學生也要到農村去土改，那是真正深入到農村，住在農民家，這時才知道真正的農村是又苦又累又髒又窮的。現在可以說說我的真實想法，如果讀小學的時候老師帶我們去的不是那個園藝場，而是帶我們到真正的農村，是這樣又苦又髒又累又窮的地方，恐怕我就不會立志學農了。但是，既然選擇學農了，我也沒覺得後悔，而是堅定了學農的信心。那時候我是有點雄心壯志的，看到農民這麼苦，我就暗下決心，立志要改造農村，為農民做點實事。我認為我們學農的就應該有這個義務，發展農業，幫助農民提高產量，改善他們的生活。實際上，看到農村貧窮落後的狀態，反而讓我找到了自己學知識的用武之地。再加上小時候目睹了中國飽受日寇的欺凌，我深深感到中國應該強大起來。特別是新中國誕生後，覺得中國人民真的是站起來了，我們也要做一番事業，為中國人爭一口氣，為自己的國家做貢獻，這是最大的心願。所以，我感到自己肩上應該有擔子。

我學的是遺傳育種專業，因為我對這個專業感興趣。在當時任課的教師中，有一位管相桓教授，這個名字挺有意思，含着管仲輔佐齊桓公的歷史故事。管老師教遺傳學，當時一切向蘇聯看齊，遺傳學只能是教蘇聯米丘林、李森科的一套，但他崇尚孟德爾遺傳學，他曾說米丘林的「環境影響」學說是「只見樹木，不見森林;只見量變，不見質變，最後什麼都沒有」。

我於是利用大量課餘時間去閱讀國內外多種中外文農業科

技雜誌，開闊視野。我在廣泛的閱讀中，了解了孟德爾、摩爾根的遺傳學觀點，並有意識地將他們不同的學術觀點進行過比較。後來我開始自學孟德爾、摩爾根遺傳學時，就去請教管老師。每次他都是非常認真細緻地為我講解，對我幫助很大。他堅持孟德爾、摩爾根的遺傳學觀點，與主流不相合。也是與此有關吧，1957 年他被錯誤地打成了「右派」，迫於壓力，「文革」初期，他便自殺了。

大學期間我有幾個玩得很好的同學，梁元岡、張本、陳雲鐸、孫昌璜等。梁元岡會拉小提琴，我們就跟他學着拉。我喜歡古典的小提琴曲，它能把你帶到一個很舒服、很美好的境界。我不是書獃子氣十足的人，我什麼都想學一點，什麼都會一點兒。當時，由於我唱歌聲音較低而且共鳴很好，同學們給我取外號叫大"Bass"。我在大學裏面是合唱團的成員，就是唱低音的。我喜歡比較經典的音樂，那時候是共和國成立初期，唱蘇聯歌曲《喀秋莎》《紅莓花兒開》等等；我也會唱英文歌，如 *Old Black Joe*。每到課餘時間，我和梁元岡、陳雲鐸、孫昌璜等唱歌的同學常常聚集到一個宿舍裏一起唱歌，主要唱一些蘇聯歌曲和美國黑人民歌。*Old Black Joe* 的歌詞我還記得很清楚：

Gone are the days when my heart was young and gay.
Gone are my friends from the cotton fields away.
Gone from the earth to a better land I know.
I hear their gentle voices calling Old Black Joe.
I'm coming, I'm coming, for my head is bending low.
I hear their gentle voices calling Old Black Joe.

上大學時，我始終喜歡運動，游泳技術是一流的，可說在西南農學院也是首屈一指的，沒有哪個能游得贏我。不吹牛，在游泳方面我讀高中時就有段光榮史，拿過武漢市第一名、湖北省第二名。但打球只是三流候補隊員的水平。

因為我游泳游得好，就由我當同學們的教練，教他們游泳。在北碚夏壩的時候，前面是秀麗的嘉陵江，我們經常沿着一溜下到江邊的石階去游泳。有時為了去對岸看電影，我就將衣服頂在頭頂上，游過去了再穿，這樣就省下過渡的幾分錢。你想想，三分錢可買一個雞蛋呢。

我們的宿舍是平房，一排排排列並與嘉陵江垂直，每棟10間，每間住6~8個學生。當時，我們來來往往都要路經宿舍邊一條水泥人行道。在靠近這條人行道的房間裏，從窗口可看到人行道很遠的地方。住在靠路邊第一間的同學會說，從窗口看到遠處一個搖搖擺擺的三角形上身的人走過來了，那就是袁隆平。因為我的肩較寬，經常游泳，肌肉較發達，腰又細，故上身呈倒三角形。

記得一次有個同學在嘉陵江夏壩段游泳失蹤了，我和另一個同學得知後，就火急地跳入江中尋人，一直游到黃桷樹（在東陽鎮境內），找了很久。後來知道，那個同學被江底的石頭卡住遇難了，十分可惜。

1952年抗美援朝時我還參加過考空軍，那時空軍從西南農學院800多名學生中選拔飛行員，只有8個人合格。考空軍很嚴，36個項目，只1個項目不行就會被刷掉。哪項不行就打一個叉，只要一個叉就淘汰了。第一個項目是身高體重，看你是不是成比例；然後就是五官：眼、鼻、耳、口、喉，有沙眼不行，鼻子裏面有點腫也不行；最後還要把你屁股掰開看，有一個同學就因此被淘汰掉了，因為他有痔瘡。經過嚴格的體檢，我被選上了，讓我參加空軍預備班。我好高興，還參加了慶祝八一建軍節的晚會，第二天就要到空校去正式受訓了。結果呢，那天晚會之後宣佈大學生一律退回。他們歡送了我們，我們又被退了回來。原因是那時候（1953 年）朝鮮戰爭已經有些緩和了，國家要開始十年大建設，開始第一個五年計劃了。那時候大學生很少，全國大概只有 20 多萬大學生吧，所以大學生要退回，只要高中生就可以了。不好意思，我們又回來了！

那時四川省分了四個行政區：川東、川南、川西、川北，我們北碚是川東區的首府。1952 年，賀龍元帥主持西南地區運動會。我參加了游泳比賽，先是在川東區比賽中拿了第一名，同學們好高興，因為這是西南區游泳比賽的選拔賽。我並沒有經過正規訓練，但他們說我潛力很大。後來我代表川東區跑到成都去參加比賽。成都小吃又多又好吃，什麼龍抄手、賴湯圓、「一蹦三跳」等等，我吃多了，把肚子吃壞了，影響了比賽的發揮。比賽中，我前 50 米是 27 秒 5 呢，當時世界紀錄 100 米是 58 秒，這麼算跟世界紀錄差不多。後面 50 米就游不動了，最後搞了個 1 分 10 多秒，只得了個第四名。而前三名都被吸收進了國家隊，我就被淘汰掉了，要不然我就會變成專業運動員了。

空軍把我淘汰了，國家游泳隊也把我淘汰了，兩個都把我淘汰了。

大學同學都了解我是這種憑興趣和愛好的性情，到畢業時，他們説要給我一個鑒定：愛好 —— 自由；特長 —— 散漫，合起來就是自由散漫。哈！説實在話，直到現在我也還是這樣。我不愛拘禮節，不喜歡古板，不願意一本正經，不想受到拘束。我讀大學時，入團很容易，但我沒入，因為我自由散漫慣了，起不了表率作用。我早晨愛睡懶覺，響起牀鈴了也不起，打緊急集合鈴才起，一邊紮腰帶，一邊往操場跑。鋪蓋也不疊，衛生檢查時，臨時抱佛腳。我思想比較開放，喜歡過自由自在的生活。

參加工作後，我回過母校幾次，看看老師和校園，與同學聚會，倍感親切。2000 年西南農大 50 周年校慶，我們農學系回校的同班同學王運正、王世興、林喬等相聚在一起，暢談敍舊，合影留念。2008 年我再次回母校西南大學（西南農大和西南師範大學合併為西南大學），又見到了我的同班同學陳德玖、王運正等，我們在一起聊天，回憶過去，十分愉快。

1 博學中學的鐘樓
2 博學中學的教堂

3　在母校博學中學操場找當年的感覺（2003 年）
4　袁隆平當年在龍門浩游泳的地方（攝於 2008 年）

3
———
4

5　1947 年夏，袁隆平（前排左 1）作為博學中學高中游泳比賽選手參加湖北省運動會時所攝

6　1952 年戴着大紅花準備當空軍的袁隆平（後排左 4）

7　大學時代的袁隆平（1952 年）
8　1979 年回母校西南農大探望

7 / 8

9　2008 年與大學同班同學聚會

第三章　安江農校

對我特別有吸引力的，

是傍着學校流淌的那條阮江，

因為那是個游泳的好去處……

剛到校，我把行李一放，

就跑到江中游泳去了。

在這裏，

我開始了長達 18 年的教書生涯。

初為人師

1953 年 7 月，我從重慶西南農學院畢業。我在大學畢業分配志願表格上，填上了願意到長江流域工作。結果呢，就被分到湖南省農林廳（現為湖南省農業廳），隨後再下派到湖南湘西雪峰山腳下的安江農校任教。我在地圖上找安江，開始時找了半天沒找到，最後總算找到了，是在那麼一個偏僻的地方。那時湖南省有四個中等農業學校，東南西北各有一個，我是在西部的那一個。那個地方的確比較偏僻，同學說你要做好思想準備，在那個偏僻的地方，一盞孤燈照終身。我講我有辦法，我會拉小提琴，我到了那裏，寂寞的時候就拉小提琴，可以消遣。

我告別父母兄弟和老師同學，由重慶坐船順着長江到武漢，再轉火車到達長沙。在長沙，我到湘江去暢遊了一番。然後在出發前往地處湘西黔陽地區（今懷化市）的安江之前，我用剛領到的第一個月的工資買了把小提琴。我乘坐那種靠燒木炭的汽車，翻越雪峰山。由於道路很不好，感到行車十分危險。

由湖南省農林廳管轄的安江農校，地處黔陽縣（今懷化洪江市）縣城安江鎮附近，為群山環抱。它原是「聖覺寺」的舊址。雖然地處偏遠，但它既遠離城市，風景秀美，又有千年古剎的靈氣。當時從長沙出發，坐了兩天的汽車才到安江，到了安江一看，倒還可以。校長向我們介紹學校的情況時，特別講到學校有電燈，説有電燈就不是鄉下了。記得那時候憧憬美好幸福的生活時，總是説「電燈電話、樓上樓下」嘛。

對我特別有吸引力的，是傍着學校流淌的那條沅江，因為那是個游泳的好去處。也因為這條江，我一下子就特別喜歡上了這個學校。剛到校，我把行李一放，就跑到江中游泳去了。

在這裏，我開始了長達 18 年的教書生涯。當時我覺得當老師還是好，一個是有寒暑假；二是比較穩定，不會經常出差，跑東跑西；再一個就是與年輕的學生在一起，挺有意思的。那段教書生活給我留下了美好的回憶。

那時是共和國成立初期，全國處在學蘇聯、學俄文的高潮中。剛到學校的時候，外語課改為學俄文，學校正好缺俄語教師。校領導認為我是在大學期間學習過俄語的，所以就拿我濫竽充數，安排我教俄語。我雖然不是學俄語專業的，但教初級的俄語還沒問題。俄語最難的就是捲舌音「P——」，我原來會唱俄語歌《喀秋莎》，發這個音沒有困難。這樣，開始的第一年，我做了一學期的俄語代課老師。

後來，學校遺傳學教研室認為我既然大學學的是遺傳育種專業，應該學以致用，就把我從基礎課程教研室調到了專業課程教研室。我除了教課，同時還擔任農學班的班主任。我有個弱點，就是政治思想水平低，不會做思想工作，但是我發揮「班三角」的作用。什麼是「班三角」呢？一個團支部書記、一個班長、一個學習委員，那時叫「班三角」。我叫那個團支書做思想工作去。我這個班主任就帶他們搞各種各樣的課餘活動和體育活動，比如拉小提琴、教唱俄語歌、帶「旱鴨子」學游泳、練跑步、練跳遠、踢足球等。

記得我們班上有位名叫李俊杰的文體委員，我時常教他拉小提琴，後來還把我自己的那把小提琴送給了他。他會作曲，每次他作曲之後就拿來給我修改，我們兩人高興起來，就一起唱歌。

學俄語，我的辦法是組織他們唱《喀秋莎》《紅莓花兒開》等蘇聯歌曲；還編了簡單的相聲，用俄語排練，和同學一同上台表演，結果還贏得了台下一片掌聲；我還組織學生與蘇聯對口學校的同學用俄文通信，這樣提高了學生學習俄文的興趣，也收到很好的效果。有時星期天我還帶學生去郊遊、去實習，跟學生打得一片火熱。

為了把課上好，我經常帶領學生去農田，或是爬上雪峰山採集實物標本。有一次，我們在雪峰山上看到一塊巨大的礁巖，上面都不長植物了，我們爬上這塊伸出去的大石頭往下看，哇！安江就在下面，近在咫尺，心中頓生一種對自然情景和對著名的高廟遺址文化屬地古老安江的美好感情。

上遺傳學課時，我們還沒有一本正式由教育部門編寫的教科書。我們就自製圖解、畫表格，實際上就是自己編教材了。因為都是親身實踐、親手操作的，很生動活潑，能引起學生的興趣，有助於他們加深記憶和理解。為了提高學生的動手能力和操作技能，我喜歡帶他們搞試驗。那時每個班都組織課外活動小組，我就讓我們班成立一個科研小組，試圖把課堂知識的學習與實踐結合起來。

1956 年，黨中央號召向科學進軍，國務院組織制定全國科學發展規劃，我考慮應真正搞點研究。這樣，在教書之餘，我帶領學生科研小組搞試驗，希望能搞一個什麼新的品種，一種高產的新作物。

中華人民共和國成立初期，搞「一邊倒」，全盤照學蘇聯。當時蘇聯生物學家米丘林、李森科的「無性雜交」學說在中國相當盛行，他們的理論認為無性雜交是可以成功地改良品種或創造新的品種的，這種論斷影響着中國農業研究發展的方向。無性雜交，就是通過嫁接和胚接等手段，將兩個遺傳性不同的品種的可塑性物質進行交流，從而創造新的品種。它否認「基因」的存在，並將「基因」學說作為唯心主義、形而上學進行批判。現在看來所謂可塑性物質能改變生物的遺傳性，是沒有理論根據的。

在這種背景下，我當時想搞點糧食作物的研究。開始是搞紅薯，主要是把月光花嫁接在紅薯上，希望通過月光花光合作用強、製造澱粉多的優勢來提高紅薯產量。搞短日照沒條件，我就拿我的被單塗墨來遮光。還搞了把番茄嫁接在馬鈴薯上的試驗，希望它上面結番茄，下面長馬鈴薯。還有把西瓜嫁接在南瓜上，等等。當年確實也結出了一些奇花異果，比如月光花嫁接紅薯，地下長出的紅薯，一個一個很大，最後一個好大喲，17.5 斤，大家好高興，稱為「紅薯王」，而且上面也結了種子。這在當時認為是很不錯的，我非常高興。後來我還因此出席過 1960 年在湖南武岡縣召開的全國農民育種家現場會。當時我很興奮，以為這一成果說明我已經找到了增加作物產量的方法。

西瓜嫁接在南瓜上，當年結了一個瓜，南瓜不像南瓜，西瓜不像西瓜，拿到教室讓學生看，大家哄堂大笑，吃起來味道也怪怪的，不好吃。

第二年，我按照米丘林、李森科的無性繁殖學說，把培植這些奇花異果所獲得的種子種下去以後，卻發現所獲得的優良變異並沒有遺傳下來。月光花嫁接紅薯的種子播下去，只有地上照樣開月光花，地下卻不再結紅薯了；把番茄種子種下去，番茄還是番茄，下面根本沒有馬鈴薯；馬鈴薯種下去，上面也根本沒有番茄。這使我對無性雜交的一貫正確性產生了疑問。其實植物和動物都一樣有性別的，我意識到這種方法不能改變這些作物的遺傳性。

我也聽說一個故事，說有一位科學家將老鼠尾巴割掉，以為這是獲得性遺傳，結果割了幾十代，尾巴仍然還在。

按米丘林、李森科的理論搞了三年，終於是一事無成，當代嫁接是可以的，但根本不能遺傳，試驗失敗。

當時米丘林、李森科學說在中國盛行。米丘林曾做過這樣的試驗，為了提高梨子的含糖量，給梨子打葡萄糖針。對米丘林做這項試驗我們無可厚非，但後來蘇聯專家來中國講學，以此為例來說明，這就很荒唐了。李森科則說現代遺傳學是唯心的、形而上的、反動的，這種言論更加荒謬。

大概是在 1957 年，我曾在《參考消息》上看到過報道，DNA 的雙螺旋結構遺傳密碼的研究獲得了諾貝爾獎，表明現代遺傳學已進入到分子水平。國外在遺傳學研究上已進入了分子水平，而我們卻還在搞什麼無性雜交、環境引誘、風土純化。我意識到李森科鼓吹的一套，實際上卻是與事實不相符合的。我感到他們只是把一些哲學概念套到遺傳學上，實質上不是什麼環境遺傳學，而是政治性的遺傳學，是為了迎合政治上的需要，宣傳蘇聯社會制度的優越性，很荒謬。於是，我恍然大悟，我說我是迷途的羔羊，信奉了很多年，實際上是被誤導了很多年，走了好幾年的彎路。

從 1958 年起，我覺得還是應走孟德爾、摩爾根遺傳學的路子，那才是真正的科學。不過，那時候雖然也說要百家爭鳴，實際在農業教育系統中佔主流的是米丘林、李森科的那一套，仍然把摩爾根遺傳學當做唯心的東西。我當時不敢公開看摩派的書，只能是偷偷地看，用《人民日報》把書遮住，有人來就裝着看報紙，沒人才看書。其實我在大學時就有了一些孟德爾、摩爾根遺傳學的基礎，而此時我從文獻中更進一步了解到孟德爾、摩爾根現代經典遺傳學已經不是停留在理論上了。實踐證明，染色體學說和基因學說已對改良品種起到了很重要的作用，例如當時的無籽西瓜等。這時，我意識到應該拋開米丘林、李森科那一套學說了，決心回到孟德爾、摩爾根遺傳學說上面來，用它來指導育種。講課時我也偷偷地給學生們講一些孟德爾、摩爾根現代經典遺傳學的知識。

餓殍的震撼

在 1960 年前後，我們國家遭遇三年困難時期，鬧大饑荒。當時吃不飽飯，那真難受啊，也是餓死了人的！我至少親眼看見 5 個人倒在路邊、田埂邊和橋底下，真的是路有餓殍！那種淒慘的場景對我有很大的刺激，讓我深切體會到了什麼叫做「民以食為天」，深深感受到了糧食的重要性。沒有糧食太可怕了！沒有糧食，什麼都談不上，什麼事情都幹不成！糧食是生存的基本條件、戰略物資。這對我觸動很大，心靈受到震撼！

身處困難時期，大家成天都想能好好吃飯，能吃飽飯。我曾做夢夢見吃飯時吃扣肉，醒來才知是南柯一夢。餓急了，有什麼東西就吃什麼東西，草根、樹皮都吃。為了填肚子，那個時候搞什麼增量法 —— 雙蒸飯，就是把飯蒸兩次，本來二兩米蒸一碗飯，就蒸到一碗半那麼大。有些還放了蘇打，米飯就發了，像發饅頭那樣發很大。但實際上乾物質只有那麼多，吃了很快就消化掉了，照樣餓，而且餓得更快。有時候用米糠來替代，不僅越吃越餓，而且解不出大便。

安江農校旁邊就是沅江，我原本是整年游泳的，一年四季游泳都是橫渡沅江，游過去游過來。即便是冬天氣溫零下 2 攝氏度，下雪，水溫只有 9 攝氏度，我也游。但在 1960、1961、1962 年三年困難時期，因吃不飽飯，就中斷了游泳。沒有能量，你怎麼游得動呢？

那時候在農村實習，吃不飽就雙腳鬆軟無力，出現水腫。生產隊一口大鍋，七八十人吃的菜，就放一小杯的油塗一下，然後把紅薯藤老莖稈煮一大鍋來吃。那個時候苦得很，但我和我周圍的人還沒達到吃觀音土那個地步。我們跑去山上去挖那種含有澱粉的植物的根，可以烤熟來吃。冬天是很難熬的，到晚上睡覺前先烤火，把腳烤熱了以後再放到被窩裏面去，可是烤熱的腳很快就冰涼了，到第二天早上起來還是冰涼的。沒得飯吃身體就沒有能量啊！那個時期，飢餓難受的滋味到現在回想起來，仍是不堪回首。我們是學農的知識分子，特別是在中華人民共和國成立之後，受到國家培養，是想為國家、為社會做貢獻的。面對全國糧食大規模減產，幾乎人人吃不飽的局面，作為一名農業科技工作者非常自責。本來我就有改造農村的志向，這時就更下了決心，一定要解決糧食增產問題，不讓老百姓捱餓！

來自農民的啟發：「施肥不如勤換種」

我試圖用孟德爾、摩爾根的遺傳學開始搞育種，首先考慮的是研究小麥、紅薯。

就在那時，開過一個全國小麥會議，使我感到驚訝的是西藏的小麥畝產上了 1000 斤，而湖南小麥產量是全國的倒數第一（平均不到 300 斤）。原因是氣候不適合，易得赤黴病，我由此意識到在湖南搞小麥沒前途。

搞紅薯研究時，正面對全國性的饑荒，中央提出「調整、鞏固、充實、提高」的八字方針，提出「全黨動手大辦農業、大辦糧食」。與此相應，我們農校搞教學、生產、科研相結合，師生要深入農村，支援農業。因此，我帶學生下到農村實習，向農民學習，進行思想改造，與農民同吃、同住、同勞動。當時我搞了紅薯高產壟栽試驗，最高的一蔸竟達到20斤！

然而，我並沒有繼續搞紅薯。這主要是因為當時黨中央提出大興調查研究之風，要求各級領導深入農村「蹲點」，我們所去的農村，有很多「點」辦在那裏，什麼省委的點、地委的點、婦聯的點、共青團的點、供銷社的點等等，各個「點」一到了晚上就參加生產隊的會議，講一席話，如供銷社的幹部要收購獸皮等等，然後處理記工分之類的日常雜事，鬧到半夜才研究生產。每當這種時候，水稻的種植技術就是會議的主要議題，等水稻技術問題討論完了，生產隊隊長就會宣佈散會，然後再搭上一句：「哎，大家還要注意一下，別忘記了紅薯，要育苗了。」看來紅薯原來只是個搭頭，沒有地位。我意識到搞紅薯沒有多大意思，因為不是主要作物，不受重視，沒有課題，沒有經費，做不下去。實際情況是，在湖南百分之九十以上的糧食都是水稻，因此最突出的作物是水稻，其他的不太受重視。

其實，我自幼就對米有一種莫名的感情。才稍稍懂事的時候，記得是在德安老家，我父親有時從天津帶來小站米，並對我們說：「這是最有名的小站米，你們覺得好不好吃？」在我幼時的記憶中，這個印象特別深，因為覺得那米真的很好吃。

意識到水稻才是中國的主要糧食作物之一，更是南方的首要糧食作物，於是我從1960年起，把目標又從研究紅薯轉為研究水稻。

於是，我搞起了水稻方面的試驗。我搞了水稻的直播試驗、密度試驗，其中，直播試驗每畝比一般的增產 90~100 斤。

在農村實習當中，我看到一些農民從高山上兑了種子擔回來種，就問他們，為什麼要跑到那麼高的山上去換種呢？他們説山上的種子質量好一些，產得多些。他們接着還説了一句話，叫做「施肥不如勤換種」，意思是説同樣的條件、同樣的施肥管理，只要種子好，產量就會高一些，這是最經濟、最有效的提高產量的辦法。這對我有很大的啟發：農業上增產的途徑有很多，但其中良種最重要。

在與農民們的接觸中，他們也誠懇地對我説過：「袁老師，你是搞科研的，能不能培育一個畝產 800 斤、1000 斤的新品種，那該多好！」農民們淳樸的話語使我觸動很深，我意識到了農民緊迫的需要是什麼，那就是良種！

決定性的思考與選擇

我那時已從文獻上了解到，在西方發達國家的遺傳學研究已經達到分子水平的同時，孟德爾、摩爾根的遺傳學理論也已在生產上獲得明顯效果。1923 年美國科學家通過 10 年的雜交玉米試驗，成功地將玉米產量大幅度提高了；後來在墨西哥又培育出了增產顯著的小麥品種。世界上五大作物（水稻、小麥、玉米、油菜和棉花）中，只有水稻在培育優質、高產的品種上停滯不前。

在農業育種研究工作中，當時選品種，一是系統選育，二是從國外引進的材料中去選。系統選育就是從一個群體中選擇表型良好的變異單株加以培育，特別是在農民的田裏面去選優良的單株，再優中選優。於是每到水稻抽穗時，我就到農民田中去選，這在當時是流行的最簡單也是最有效的方法。按照這種方法，我就在田裏選種，選大穗子。農民的品種，我們叫它「群體品種」，參差不齊，有好有壞，但是你事先無法知道，反正是去選好的。它當代表現得好的可能性有兩種，一種是本性好；還有一種是那個地點好，土壤肥一些。到底是本性就好，還是條件好一些呢？就得把當代的種子收起來，第二年在同樣條件下種下去比較和鑒定：如果它本性是好的，一定仍然表現好；如果是環境影響的，那就會表現不好。許多品種都是通過這種方法，把遺傳性好的品種培育出來的，如著名的小麥專家金善寶，他培育的著名小麥品種「中大 2419」(後改稱「南大 2419」) 就是這麼穗選出來的；很多勞模，如陳永康選育的「老來青」水稻品種，也是這麼選出來的。

我每年在水稻抽穗到成熟的期間到田裏面去選。1961 年 7 月的一天，我和往常一樣來到農校的試驗田選種。突然，在一丘早稻田塊裏，發現一株形態特優的稻株「鶴立雞群」，長得特別好。穗子大，籽粒飽滿，10 多個有 8 寸[1] 長的稻穗向下垂着，像瀑布一樣。我挑了一穗，數一數籽粒，竟有 230 粒！當時我認為是發現了好品種，真是如獲至寶！我推算了一下，用

1　一寸約為 3.33 厘米。

它做種子，水稻產量就會上千斤！而當時高產水稻的產量一般只不過有五六百斤，可以增產約一倍呀，那可就不得了了！我好高興，馬上給它做了標記，進一步培育，心想畝產千斤就有可能實現了！

到成熟時，我把這株稻株的種子小心翼翼地收下來，心中懷着強烈的期待。第二年春天，我把這些種子播種到田裏，種了 1000 多株。我天天往那裏跑，管理得很好，每天觀察啦，施肥啦，灌水啦，除草啦，「望品種成龍」，渴望有驚人的奇蹟出現。

但是，禾苗抽穗後竟讓我大失所望，抽穗早的早，遲的遲，高的高，矮的矮，參差不齊，沒得一株有它「老子」那個模樣。我感到很灰心，失望地坐在田埂上，半天呆呆地望着這些高矮不齊的稻株，心裏在想，為什麼會這樣？

突然，失望之餘來了靈感：水稻是自花授粉植物，純系品種是不會分離的，它為什麼會分離呢？這種性狀參差不齊的表現，是不是就是孟德爾、摩爾根遺傳學上所說的分離現象呢？我眼睛一亮，心中突然感到非常欣喜，因為只有雜種的後代才可能出現分離。那麼就是說，我前一年選到的那株優良的水稻現在出現了分離，其本身是不是就可能是一株雜交稻呢？雜種優勢不僅在異花授粉作物中存在，而且在自花授粉作物中是不是同樣也存在？在這個靈感的啟示之下，我趕緊仔細地做了記載，反覆統計計算。高矮不齊的分離比例，正好 3：1，證明完全符合孟德爾的分離規律。這一重大發現令我異常興奮，我選到的那株鶴立雞群的水稻，乃是一株天然的雜交稻！

另外，遺傳學的基本知識告訴我，水稻是自花授粉植物，一般來講，在有外來花粉串粉的情況下，天然異交率是0.1%~0.2%。在湖南有些秈粳混作的地方，在糯稻（粳稻）田裹，經常有被叫做「公禾」的現象出現，也叫「冬不老」。它實際上就是0.1%~0.2%異交率中的天然雜交株，表現優勢強，往往就是「鶴立雞群」的，但不結實（其實就是秈粳雜種，後來為什麼搞秈粳亞種間雜種優勢利用研究呢？說來也是受到「公禾」的啟示）。

這兩點啟發了我：水稻具有雜種優勢！我於是心想：自然界既然存在天然雜交稻，水稻這種自花授粉作物存在雜種優勢是確實的，應該是可以通過人工的方法利用這一優勢的。

1963年，我通過人工雜交試驗，發現的確有一些雜交組合有優勢現象。這樣，我推斷水稻具有雜種優勢，並認定利用這一優勢是提高產量的一個途徑。從此萌生了培育雜交水稻的念頭！

回顧一下這幾年走過的路，大致是這樣的：最初搞無性雜交，結果鬧了許多笑話；後來搞小麥呢，覺得在湖南沒前途；搞紅薯呢，感覺是個搭頭，意義不大。轉過來開始研究水稻，一個偶然的機會，老天爺在我面前擺了一株特殊的水稻，讓我看到了。起初以為能成為一個高產的品種，結果一瓢涼水潑下來，我心中預想的「龍」變成了「蟲」。不過，這瓢涼水也讓我發熱的頭腦冷靜了下來，經典遺傳學的理論在這時啟發我悟出了道理，認為水稻具有雜種優勢。而當時的學術界認為水稻是自花授粉植物，是沒有雜種優勢的；但我在現實當中看到了確有優勢。其實，水稻本來就有 0.1%~0.2% 的天然異交率，我由此推斷水稻會具有強大的雜種優勢！天然的雜交稻有優勢，人工培育雜交稻也一樣必定有優勢的！於是我堅定了信心，決定研究雜交水稻。

為深入研究雜交水稻，我想要找到利用水稻雜種優勢的理論依據，但是在這湘西南的偏僻角落是沒有這個條件的。不由得回想起母校的管相桓教授生前曾很推崇鮑文奎先生。鮑先生當時是中國農業科學院作物研究所的研究員，早年是在美國著名的加州理工學院生物系獲得的博士學位，而摩爾根正是長期在那裏擔任過系主任的。

鮑文奎 (1916—1995)

浙江寧波人。遺傳育種學家，中國植物多倍體遺傳育種的先驅。中國科學院院士（1980）。1939 年畢業於中央大學農學院農藝系，到四川省農業改進所工作。1942 年參加李先聞領導的細胞遺傳研究。1947 年夏赴美國加利福尼亞理工學院生物系，進行鏈孢黴菌的生物化學遺傳研究。1950 年 6 月獲博士學位後回國，擔任四川省農業改進所食糧作物組副主任，探索穀類作物多倍體育種。1954 年，因該項研究「與米丘林學説相衝突」而一度被迫停止，試驗田植株被強行鏟除。1956 年調至北京，任中國農業科學院作物所研究員和北京農業大學農學系兼職教授。他採用染色體加倍技術，改良作物品種的特性，培育出異源八倍體小黑麥，在高寒山區得到推廣，1978 年獲全國科學大會獎。著有《禾穀類作物的同源多倍體和雙二倍體》一書。

1962 年暑假，我曾自費到北京，拜見了鮑先生，那時他不到 50 歲。我請教他，説到認為米丘林、李森科學説是機械唯物主義的時候，鮑先生則説是主觀唯心論。他在與我的談話中，很鮮明、尖鋭地批判了李森科在學術觀點上的錯誤，鼓勵我在科研上要敢於大膽探索，還特別指出「實事求是才是做學問的態度」。在他的指點下，我還在中國農科院的圖書館裏閱讀了不少專業雜誌，那是當時在下面根本無法讀到的，有遺傳育種學科前沿的基本情況、有我感興趣的理論探索的熱點問題、有雜交育種的實際進展等等。因為我是帶着問題去的，收穫是蠻大的。

後來在「文革」中，大約是在 1970 年左右，因為雜交水稻研究搞了很多年進展不大，因此我又到北京拜訪過一次鮑先生。當時他剛從「牛棚」裏出來不久。他認為在自己受到衝擊，沒有人敢來接觸他的時候，我居然來拜訪他、請教他，因此他很高興。他還親自下廚，在家中招待我吃了一頓飯。

我看到的經典遺傳學理論認為：稻、麥等自花授粉作物，在其進化過程中經過長期的自然選擇和人工選擇，淘汰了不良基因，所積累和保存下來的幾乎都是有利基因。美國著名遺傳學家辛諾特、鄧恩和杜布贊斯基所著《遺傳學原理》一書中，在論述「不同生物體的雜種優勢」時，以小麥為例，明確指出自花授粉作物「自交不會使旺勢消滅，異交一般不表現雜種優勢」。因此，作物遺傳育種學界對水稻這一嚴格自花授粉作物的雜種優勢現象普遍持否定態度。其論點是異花傳粉植物自交有退化現象，因此雜交有優勢現象；自花傳粉植物自交無退化現象，因此雜交無優勢現象。但是，我認為這一論斷僅是一種形式邏輯的推理，沒有實驗上的根據。既然玉米的自交系（純系）所配的雜交種有雜種優勢，為什麼水稻品種（純系）沒有，我總是懷疑這一點。

「無優勢論」這一理論觀點，只是根據某些異花授粉作物的自交有衰退而雜交有優勢的現象推斷出來的。分析事物不看其本質，而只看表面現象，把優勢的有無歸諸受植物固有的生殖方式所制約，這顯然是錯誤的。至於自花授粉作物，它與異花授粉的區別，不過是繁殖方法上的不同而已，絕不是影響雜種優勢有或無的因素。我認為，作物雜交有無優勢，決定性的因素不在於自花授粉或異花授粉的繁殖方式，而應該在於雜交雙親的遺傳性有無差異。只要有差異，就會構成雜種內在的生物學矛盾。這種矛盾能夠促使雜種的生活力增強，就會產生雜種優勢。我想，只要我們能探索出其中的規律，就一定能夠遵循這一規律培育出人工雜交稻來。那麼，將這種雜種優勢應用到生產上，就可大幅度提高水稻的產量。

雜交水稻選育的思路

我由發現天然雜交稻進行推想，認為必定存在天然的雄性不育水稻。為了人工培育雜交稻，首先必須選育出這樣一種雄性不育的特殊品種。這個品種的雄花退化，雌花卻是正常的，這種現象在自然界中存在的概率是萬分之一。由於它要麼沒有花粉，要麼花粉發育不正常，因而不能起授精作用；但它的雌性器官正常，只要給它授以正常花粉就能受精結實。這就是雄性不育系。

關於雜種優勢，中國傑出農學家賈思勰早在北魏末年所著的《齊民要術》一書中，就記載了馬和驢雜交的後代——騾子要比雙親都健壯，適於勞役，又耐粗飼；明朝科學家宋應星著、1637 年初刊的《天工開物》一書中，也有關於養蠶業利用雜種優勢的記載。1760 年德國學者科爾魯特曾建議在生產上利用煙草雜種的第一代。達爾文是雜種優勢理論的奠基人，他用整整 10 年時間（1866—1876），廣泛收集了植物界異花受精和自花受精的變異情況，第一個指出玉米雜種優勢的現象。貝爾從 1862 年起，研究玉米雜交效應，指出生產上可利用品種間雜種第一代。謝爾通過多年研究，已注意到玉米自交衰退與雜交有利的現象，他在 1911 年將此現象定名為「雜種優勢（Heterosis）」。雜種優勢是生物界的普遍現象，低等到細菌，高等到人類都具有雜種優勢。一般來講，遺傳性有一定差異的親本交配所產生的後代，一般都有優勢或劣勢。20 世紀二三十年代起，美國開展利用玉米雜種優勢育種工作，現在已將雜交玉米推廣面積達到全美玉米播種面積的近 100%（約 3800 萬公頃），開創了（異花授粉）植物雜種優勢利用的先河，成功地將玉米產量提高。司蒂芬斯利用西非高粱和南非高粱雜交選育出高粱不育系 3197A，並在萊特巴英 60 高粱品種中選育出恢復系，利用「三系法」[1] 配製高粱雜交種在生產上應

1 是指利用雄性不育系、保持系和恢復系三系配套育種的方法。

用，為異花授粉作物利用雜種優勢開創了典範。然而，自花授粉作物水稻的雜交優勢利用技術卻沒有突破。

雜交水稻是利用雜種優勢現象，即用兩個品種雜交，雜交之後，由於品種之間的遺傳有差異，這個差異就產生了內部矛盾，矛盾又產生了優勢。由於雜種優勢只有雜種第一代表現最明顯，以後就沒有優勢了，就要分離，因此需要年年生產雜交種子。就好比馬和驢雜交生下騾子，但騾子不能生騾子，只得每年需要馬和驢雜交生產騾子。要利用水稻的雜種優勢，其難度就是如何年年生產大量的第一代雜交種子。水稻屬自花授粉作物，穎花很小，而且一朵花只結一粒種子。如果要像玉米那樣，依靠人工去雄雜交的方法來生產大量雜交種子，每天能生產多少種子呢？少量試驗還可以，用到大田生產上是不可能的。也正因為如此，長期以來水稻的雜種優勢未能得到應用。

解決這個問題，最好的一個辦法就是要培育一種特殊的水稻——「雄性不育系」，由於它的雄性花粉是退化的，我們叫做「母水稻」，有的人也把它稱做「女兒稻」。這種水稻的雄蕊沒有花粉，要靠外來的花粉繁殖後代。換句話說，不育系就是人工創造的一種雌水稻。有了不育系後，把它與正常品種相間種植，並進行人工輔助授粉，就可以解決不要人工去雄便能大量生產第一代雜交種子的問題。所以說，不育系是一種工具，藉助這種工具可以生產大量雜交種子。我們後來的雜交稻製種就是通過在田裏種幾行雄性不育的水稻，再在它們旁邊種幾行正常的水稻品種，讓它們同時開花，並在開花以後，用人工輔助授粉方法讓正常水稻的花粉滿天飛，落到雄性不育水稻的雌蕊上，這樣來實現大規模生產雜交種子。

我查閱了國內外有關農作物雜種優勢利用的文獻，從中獲悉，雜交玉米、雜交高粱的研究是從天然的雄性不育株開始的。受天然雜交稻的啟示，我推想天然的雄性不育水稻必定存在。借鑒玉米和高粱雜種優勢利用的經驗，我設想採取三系法技術路線，通過培育雄性不育系、保持系、恢復系，實現三系配套，以達到利用水稻雜種優勢的目的。具體講，就是首先培育出水稻雄性不育系，並用保持系使這種不育系能不斷繁殖；再育成恢復系，使不育系育性得到恢復並產生雜種優勢，以達到應用於生產的目的。

三系中的保持系是正常品種，但有一種特殊的功能，就是用它的花粉給不育系授粉，所產生的後代仍然表現雄性不育。由於年年要生產第一代雜交種子，就要年年提供大量的不育系，而不育系本身的花粉不起作用，不能自交結實。繁殖不育系種子，就是通過保持系，它是提供花粉的，花粉授給了不育系，所產生的後代仍然是不育，這樣不育系才一代代地繁殖下去。沒有保持系，不育系就會曇花一現，不能繁殖下去。

在生產運用中，還須選育另外一種品種給不育系授粉，這樣的品種有另一種特殊功能，即它給不育系授粉之後，所產生的後代恢復正常可育，因此這種品種叫做「恢復系」。如果產生的後代正常結實，又有優勢的話，就可應用於大田生產。由此可見，要利用水稻的雜種優勢，必須做到三系配套。

在《科學通報》上發表〈水稻的雄性不孕性〉

早在1926年，美國人瓊斯首先發現水稻雄性不育現象，並首先提出水稻具有雜種優勢，從而引起了各國育種家的重視。後來，印度的克丹姆、馬來西亞的布朗、巴基斯坦的艾利姆、日本的岡田正寬等都有過關於水稻雜種優勢的研究報道。科學家對水稻雜種優勢利用的研究，首先是從不育系的選育開始的。1958年，日本東北大學的勝尾清用中國紅芒野生稻與日本粳稻藤阪5號雜交，經連續回交後，育成了具有中國紅芒野生稻細胞質的藤阪5號不育系。1966年，日本琉球大學的新城長友用印度春秈欽蘇拉包羅II與中國粳稻台中65雜交，經連續回交後，育成了具有欽蘇拉包羅II細胞質的台中65不育系。1968年，日本農業技術研究所的渡邊用緬甸秈稻里德稻與日本粳稻藤阪5號雜交，育成了具有緬甸里德稻細胞質的藤阪5號不育系。但是，這些不育系均未能在生產上應用。日本在水稻育種上是世界上最先進的國家之一，也是開展雜交水稻研究最早的國家之一。新城長友在育成台中65不育系後甚至實現了三系配套，但是，由於這種包台型水稻三系親緣關係太近，沒有優勢，又是高稈，即使同它配出的雜種具有很強的優勢，也難獲得高產，高稈雜交稻過不了倒伏關。因此，日本的雜交水稻始終停留在理論研究上，無實際生產價值。國際水稻研究所於1970—1971年曾進行過選育雜交水稻的研究，但由於雜種優勢不強，或製種問題未能解決等原因，後來研究中斷了。美國在20世紀70年代初開始研究雜交水稻，獲得了不育系，但不育性不過關。1971—1975年加州大學對水稻的雜種優勢進行了研究，153個組合中有11個的產量顯著超過最好的對照品種，增產幅度平均達41%，但三系一直未配套，因而在生產上無法利用。

1961年夏天我從發現的那株天然雜交稻中獲得靈感：既然自然界存在雜交稻，也就會有天然的雄性不育株，因為水稻之所以會天然雜交，關鍵就在雄性不育株。鑒於美國研究的玉米、高粱的不育株是天然突變株，都是禾本科，水稻也是禾本科，我因此決定借鑒玉米、高粱尋找天然不育株的辦法，尋找水稻的天然不育株。當時的實際情況是，這種天然雄性不育水稻，不僅我們自己沒有見過，就連中外文獻資料中也未見報道。我想，它要麼是沒有花粉，要麼是花粉發育不正常，因而不能起授精作用；但它的雌性器官正常，只要給它授以正常花粉，就能受精結實。

從植物學的觀點來看，花藥不開裂是許多作物的雄性不孕性性狀之一，因此我們就根據這個特徵來按圖索驥，尋找天然的水稻雄性不育株，用以作為培育雄性不育系的材料，再用來培育雜交水稻。

1964年六七月，水稻開始進入抽穗揚花的時節，我開始尋找天然的水稻雄性不育株的工作，具體講就是到稻田裏仔細尋覓。為了找到我意想中的天然雄性不育株，每天我都鼓起勇氣去，可都是乘興而去，敗興而歸。那是很辛苦的，我早上吃了早飯就去下田，帶個水壺、兩個饅頭；中午不回來，一直到下午4點左右才回來。上面太陽曬，很熱；下面踩在冷水中，很涼，因為沒有水田鞋，都是赤着腳。就是那樣差的條件和飲食，使得我患上了腸胃病。六七月份，天氣很熱，卻是水稻開花最盛的時候，也是尋找不正常雄蕊的最佳時機。我每天在幾千幾萬的稻穗裏尋找。那時，我的一位學生潘立生也來跟着我一起尋找，手拿放大鏡，一壟壟、一行行、一穗穗，我們像大海撈針一樣。

日復一日，沒有收穫，但我總是樂觀地期待着明天。我知道這種不育株，在後來叫做「C 系統」[1]、核不育，儘管概率為三萬分之一、五萬分之一，但它還是會有的，只要細心找。這種意念支撐着我努力地尋找。頭頂着似火驕陽，行走在茫茫的稻海之中，我始終把注意力都集中到正在開花和剛開過花的稻穗花藥上。終於有一天我還是頂不住，中暑暈倒了，胃病也發作了。小潘把我扶到樹陰下休息了一下，然後我又接着再找。胃痛了，就一隻手壓着痛處，另一隻手不停地翻開稻穗仔細察看。

酷熱和勞累考驗着人，終歸是功夫不負有心人，7 月 5 日，也就是我尋找天然雄性不育株的第 14 天，午後 2 點多，一株特殊水稻吸引了我。花開了但花藥瘦得很，裏面沒有花粉，退化掉了，但是它的雌蕊是正常的。這不就是退化了的雄蕊嗎？我欣喜若狂，立刻將花藥採回學校實驗室做鏡檢，發現果真是一株花粉敗育的雄性不育株！真叫做功夫不負有心人，堅持 14 天，終於在拿放大鏡觀察了 14 萬多個稻穗後，從洞庭

---

1 1964 年，袁隆平在湖南安江農校勝利秈大田中，找到無花粉型植株，後用中秈品種南廣占雜交，獲得南廣占無花粉型不育株。這個材料田間編號為「C」，故稱「C 系統」。

早秈品種中發現了第一株雄性不育株！這意味着，攻克雜交稻育種難題跨出了關鍵的第一步。

第二年，我，加上妻子鄧則，我們又繼續在水稻揚花季節，在安江農校和附近農田的茫茫稻海中逐穗尋覓雄性不育水稻。通過上年觀察，我有了些經驗：正常植株的穎花剛開花時，花藥膨松，顏色鮮黃，用手輕輕振動便有大量花粉散出；開花後不久，花藥便裂開了，藥囊變空，呈白色薄膜狀掛在花絲上。在檢查時，對發現有開花後花藥不開裂、振動亦不散粉的稻穗，再用 5 倍放大鏡進一步檢視，確證為花藥不開裂的，就視做雄性不孕植株，加以標記；2~3 天後再復查幾次，並採集花藥進行顯微鏡檢驗，用碘化鉀液染色法進行花粉反應的觀察。

這樣，1964、1965 兩年我先後檢查了幾十萬個稻穗，在栽培稻洞庭早秈、勝利秈、南特號和早粳 4 號 4 個品種中找到 6 株雄性不孕植株。這些雄性不育株的花粉敗育情況，表現為三種類型：(1) 無花粉型（2 株，從勝利秈中找出），花藥較小而瘦癟，白色，全部不開裂，其內不含花粉或僅有少量極細顆粒，為完全雄性不育，簡稱「秈無」；(2) 花粉敗育型（2 株，從南特號中找出），花藥細小，黃白色，全部不開裂，花粉數量少且發育不完全，大多數形狀不規則，皺縮，顯著小於正常花粉，遇碘 – 碘化鉀溶液無藍黑色反應，為完全雄性不育；(3) 花藥退化型（2 株，分別從早粳 4 號、洞庭早秈中發現），花藥高度退化，大小僅為正常的 1/4~1/5，內無花粉或很少數碘敗花粉。我就將它們作為選育三系研究的起點。

我們對觀察到的三類雄性不孕植株，等到成熟時便分株採收自然傳粉種子，也有個別的是人工雜交後採收的。為了加速鑒定和選育的過程，對於成熟早的，則在當年就將部分種子進行「翻秋」播種，其餘的種子則在次年春播。具體是都採用盆缽育苗，分系單本移栽，每個株系種植一小區，緊挨着種一行同品種的正常植株做對照。在抽穗期進行逐株觀察記載，用花粉染色法和套袋自交的結實率去鑒定孕性程度，初步認為均屬於可遺傳的雄性不育材料。

1965 年秋天，經過連續兩年的盆栽試驗顯示，天然雄性不育株的人工雜交結實率可高達 80% 甚至 90% 以上，這說明它們的雌蕊是正常的。經雜交繁殖出來的後代，的確有一些雜交組合表現得非常好，有優勢。於是我也就決心更大了，信心更強了。

經過這樣反覆試驗，積累了正反兩方面的經驗和教訓，再經過反覆分析論證，這一年的 10 月，我把初步研究結果整理撰寫成論文〈水稻的雄性不孕性〉，並投稿給中國科學院主辦的《科學通報》雜誌。

在這篇論文中，我正式提出了通過培育水稻三系（即雄性不育系、雄性不育保持系、雄性不育恢復系，簡稱為「不育系」「保持系」「恢復系」），以三系配套的方法來利用水稻雜種優勢的設想與思路。由於經過了兩年研究，逐穗檢查，已找到一批能遺傳的自然雄性不育材料，因此我得出結論為：水稻與其他作物的雄性不孕現象是大同小異的，主要表現在花藥不開裂、花粉敗育或不能形成花粉等方面，並將水稻雄性不育劃分為無花粉型、花粉敗育型和花藥退化型三種不同類型。這在歷史上屬首次揭示水稻雄性不育的病態之謎。

我在論文中闡述了雄性不孕性在遺傳上一般分核質型和胞質型兩類。核質型的多屬隱性，通常只有由母本細胞質決定的雄性不孕性才能在 F_1 中重複顯現，因此以胞質型在雜交優勢育種中最有利用價值。我通過試驗所獲得的花粉敗育型水稻雄性不孕材料與胞質型情況類似，初步認為屬於胞質型的可能性較大。由此認為，通過進一步選育，可從中獲得三系，用做水稻雜種優勢育種的材料。

這篇論文對雄性不育株在水稻雜交中所起的關鍵作用做了重要論述，並進一步設想了將雜交水稻研究成功後推廣應用到生產中的方法。這實際上就是當時我對將要進行的雜交水稻研究，經分析、論證、思考並繪製的一幅實施藍圖。

論文稿寄往北京之後的幾個月中，沒有得到回信，也沒有退稿。結果於 1966 年 2 月發表在《科學通報》（該雜誌為半月刊）的第 4 期上。五一勞動節之前，我收到了 30 多塊錢稿費。不久又收到了科學出版社計劃財務科的通知，我才知道這篇論文還刊登在了英文版的《科學通報》上。我很高興，這是我一生中第一次得稿費。那時我的月工資是 73 元，而中、英文的稿費加在一起是 50 多元，幾乎是我一個月的工資了。當然，更重要的是，我的論文能夠發表在一份權威的學術刊物上，意味着對我研究成果的初步承認和肯定，這就更加堅定了我繼續前進的信心。

不久，「文化大革命」就開始了，雜誌隨之停刊了。萬幸的是，這篇論文算是趕上了《科學通報》的末班車。後來在「文革」中，這篇論文對雜交水稻研究工作的進程，竟然在關鍵時刻起到了一發千鈞、扭轉乾坤的作用，的確令人感慨萬分！

自 1956 年響應「向科學進軍」的號召開始起，學校以教學為主，也鼓勵搞科研。安江農校直到今天仍保持着「教科相長」的良好傳統。我在學校中就是既教學，又開展水稻雄性不育研究的，不但得到學校劃分試驗田的保證，而且所帶班級裏的學生也為老師承擔起研輔的工作，對我確實有很大的幫助。比如楊運春、尹華奇、潘立生等學生，在我水稻雄性不育研究的試驗中，就幫我做種植、雜交、管理等工作。因此，我在〈水稻的雄性不孕性〉論文中做了致謝。另外，雖然我沒有在文中申明致謝我的妻子鄧則，但她也幫我做了不少工作。其實，她真的是對我幫助很大，所以後來我稱她為「賢內助」。

結婚成家

我和鄧則的結合，在當時堪稱「門當戶對」。我們是 1964 年 2 月結婚的，那時我已經超過 33 歲了，名副其實的晚婚。

此前我也談過戀愛，未成功。那時安江農校對門是黔陽一中，是個重點中學。1956 年的時候，這所中學也要開一門農業技術課，而普通中學沒有講農業課的教師，就要我去代課。在這期間我認識了一位教化學的女老師，我們在一個教研組裏，談了三年戀愛。我們兩個人家庭出身都不好。那時候戀愛是要講出身、講成分的。後來她跟我講，她要跟別人結婚了，我們不能在一起了。她找的那個人，第一是出身比較好，第二是在大學當助教，第三是工作在長沙，這些條件都比我優越。主要由於我出身不好的原因，她害怕政治上受影響，就放棄了愛情，做出了在政治上「要求進步」的選擇。其實她結婚的頭天晚上，到學校來找過我，但沒找到，是我們的老師把我約出去看電影了。實際上她對我的感情是真實的，只是迫於對當時社會現狀的無奈。對此我感到很痛苦，我也很癡情，等了她三年呢。後來她生小孩了，我就徹底斷了念頭，之後她曾說過她一失足成千古恨。那時候政治壓力大，在那個年代，有很多美好的愛情都成了政治的犧牲品。

1963 年冬，在學校老師的介紹以及過去學生中熱心人的幫忙之下，大家關心我的婚姻大事，幫我物色了對象，她是我過去的學生鄧則，小我 8 歲。她 1959 年從安江農校畢業後，分配到黔陽縣農業局兩路口農技站，從事農業技術推廣工作。她也是由於家庭出身不好，一直沒有考慮婚姻問題。經過她的兩位同學謝萬安和王業甫的撮合，我非常願意，就去找她。兩個人的家庭出身都不好，誰都不挑誰；加上原本是師生，互相熟悉和了解。她對我印象比較好，認為我的課講得好，愛打球，愛搞些文藝活動啊，又會拉小提琴啊。她也很活躍，喜歡唱歌、跳舞，也喜歡運動，愛打球，還是黔陽縣籃球運動代表隊隊員呢，因此我們很情投意合。1964 年春節前夕，黔陽縣組織籃球比賽，那時鄧則是縣代表隊的，要打比賽了，比賽場就設在安江農校。農校幾位熱心的老師覺得這是天賜良機，鼓動我把婚事辦了。熱心的「紅娘」曹延科老師更是「趁熱打鐵」，抓住練球的空隙請鄧則來我的宿舍喝茶休息，弄得我還很尷尬和措手不及，因為我的洗臉盆漏了個洞，只能歪在一邊接點水請鄧則洗手，而且我宿舍的牆腳邊還丟了我幾雙臭襪子。但後來鄧則跟我說過，就是因為這種狀況，她深深感到「老師」身邊應有個人照顧。

曹老師在得到鄧則的同意後，便去找裁判李代舉老師了解比賽場次安排，想使比賽與辦喜事兩不誤。結果就在比賽中間休息的時候，我把鄧則從賽場上拖下來，要騎自行車帶她去打結婚證。鄧則說比賽還沒完，我跟她說打結婚證比打比賽更重要！她有個叔伯哥哥，說你怎麼搞的，比賽都不比了？我說比賽反正明天再比吧，今天這個結婚證更重要！那時結婚就是買點糖果，糖果還要指標的，結婚喜糖要拿結婚證，才能給你買好多斤糖果。

有人牽線，速戰速決！從介紹到結婚不到一個月時間。農校的老師們都很熱情地幫我們佈置，在我的單身宿舍裏，只有一張單人牀和一張書桌。曹老師拿出 5 元錢，買回了喜糖；女體育教師周瓊珠將剛買回的繡着一對紅蝴蝶的平絨布鞋送了來……這樣，為我們舉行了一個簡單而又熱鬧的婚禮。結婚時，我只穿了很一般的衣服，本來也不帥嘛。

我為了慶祝我們的新婚，曾邀請鄧則去游泳。記得有一天開會到晚上 11 點，但在新婚的激情和游泳的興致的雙重驅使下，儘管黑燈瞎火，我還非拉上鄧則去游泳不可。為此我還特意拿上一把小剪刀，以防河裏有漁民佈下的漁網，碰到魚線時可以剪開脱身，然後我們去游了個痛快。

鄧則雖然非常支持我的工作，也懂專業，但是我們在不同的單位工作。我在農校，她在黔陽縣農業局，所以，婚後我們大部分時間只能各在各的單位住，過着牛郎織女的日子。直到1975年，她才調到安江農校，而那個時候三系雜交水稻已經研究成功了。

成立雜交水稻科研小組的前前後後

雜交水稻的研究，以1964年尋找天然雄性不育株為起點。1966年在《科學通報》上發表〈水稻的雄性不孕性〉論文，對研究工作起到了助推的作用，使我勁頭更足了。要繼續往前走，工作量會愈來愈大，一個人單槍匹馬地幹是不行的。可我正在做新的籌劃時，「文化大革命」開始了。

「文革」初期，黔陽地委派來的工作組進駐我們安江農校開始搞運動，橫掃一切「牛鬼蛇神」。有點歷史問題的、出身不好的、說過什麼「錯話」的，每個單位都要「揪」出一些來。揪出之前，先要大造輿論，貼出大字報，刷大標語，點出被揪者的名字。白天造好輿論了，晚上就要批鬥，批鬥完之後就關到「牛棚」去，監督勞動，不許回家。「牛棚」裏的人，集體的名稱叫「黑幫」，或者是「牛鬼蛇神」。各單位揪「牛鬼蛇神」是有指標的，比例是一個單位總人數的5%。我們學校教職員不到200人，計劃要揪8個「牛鬼蛇神」出來。

20世紀50年代末，毛主席提出農業「八字憲法」。我這個人，政治思想水平很低，平時對政治學習也不上心，對各種流行的政治術語口號之類，也不是太關心，或記不那麼清楚。我只知道有「八字憲法」的說法，卻不知道是毛主席提出來的。說實在的，對那些翻來覆去的政治我真的不感興趣。我對政治的關心就是希望國家好，在學校裏我把我的工作做好；想搞農業科研，那就是把雜交水稻搞成。就這樣，我想當然地以為「八字憲法」是農業部提出來的。現在想來我當時很天真。有一次，在教研組與其他老師聊天的時候，我就說「八字憲法」中少一個「時」字，不違農時的「時」。那也就是想到哪裏，就說到哪裏，隨便一說。沒想到這在「文革」中可成了我的一大罪狀，成了我們學校中「牛鬼蛇神」的候選人，要把我揪出來批鬥！揪之前造輿論，鋪天蓋地的大字報對我進行炮轟，揭發我有兩大罪狀：第一條就是「修正毛主席的八字憲法」；另一條是「引誘貧下中農的子女走白專道路」，無非是指我平時表現出重視業務學習，重視科研工作的傾向。

鄧則那時生了大兒子「五一」，在農校休產假。學校貼了

關於「八字憲法」

1958 年，在「大躍進」和人民公社化運動的高潮中，毛澤東主席提出中國農業的高速度發展，必須抓好「土、肥、水、種、密、保、管、工」等八個方面的工作。這八項措施被概括為農業「八字憲法」。1958 年 12 月 9 日，毛澤東在八屆六中全會上的講話提綱中表述為「以深耕為中心的土、肥、水、種、密、保、管、工八字憲法」。12 月 10 日，全會通過《中共中央關於一九五九年國民經濟計劃的決議》，農業「八字憲法」被寫進中共的正式文件中。

我很多大字報，她也看了大字報。我和她說，你可要有思想準備呀，明天我可能要上台捱批了。她說，沒關係，大不了，我們一起去當農民吧。這是我一生最大的安慰之一。那時「文化大革命」中，夫妻離婚的多得很，她這樣對我，我好感動。

奇怪的是，貼完了大字報之後，當天並沒有什麼動靜，沒批鬥我，也沒進「牛棚」。後來的一天下午，工作組的王寶林組長要我晚飯後到他辦公室去一趟。我當時以為真的到時候了，要捱批鬥、進「牛棚」了。晚上我按時去王組長的辦公室，他說辦公室人多，到外面去說吧。

我和他就走出了校門，心裏非常不安，問他找我什麼事。出乎意料，王組長說：「中央的精神是要抓革命，促生產。我們工作組既要抓好革命，又要搞好生產。現在正值收早稻、插晚稻的季節，工作組要搞一塊晚稻豐產田，請你選一塊好田，並要你做我們的技術參謀。」我一聽驚喜萬分。心想：工作組是「太上皇」，要我當參謀，說明我在政治上肯定沒有問題啊。壓在心頭上的一塊又大又重的石頭，終於移走了。我非常激動，表示一定要當好技術參謀，保證工作組的試驗田奪得高產。

我解脫了。第二天，我懷着極其愉快的心情，邊哼着歌，邊去積肥。路過「牛棚」時，「牛蛇隊」的組長——教體育的李老師，望着我居然還哼歌，他自言自語地說：「你還唱歌，不要高興得太早！我把你的牀鋪已經準備好了，你名字的標籤也在我口袋裏準備好了。今晚你就要加入我們的隊伍，還要歸我管！」原來，農校要計劃揪出8個「牛鬼蛇神」，已揪出了

6 個，還要揪 2 個，工作組已責成這位李組長把寫有我名字的牌子和牀鋪都準備好了。

工作組的王組長給「牛蛇隊」的李組長佈置了準備讓我進「牛棚」的安排之後，為什麼又安排我做工作組的技術參謀呢？

沒過多久，工作組因為「執行資產階級反動路線」也撤走了。第二年，有一次我在街上碰到了當時的王組長，這時候他與我之間已經是同志和朋友的關係了，他才對我說出了其中的原委，揭破了謎底。原來工作組已經決定要揪鬥我之後，除了佈置貼大字報揭發「現行」之外，還打算新賬老賬一起算，於是就查我的檔案，看看有沒有老問題。一查檔案，他們居然發現一封發自國家科委的來函，函件中的基本內容是肯定了我在科學試驗的基礎上做出的預言：利用水稻的雜交優勢，必將使水稻產量大幅度地增長，並責成湖南省科委與安江農校要支持我搞雜交水稻研究工作。

看到這份公函之後，工作組傻了，不知是要把我當批鬥對象呢，還是當保護對象。因此他們馬上就去向黔陽地委請示。當時的地委書記孫旭濤回答說：「是當然的保護對象！」於是工作組就來了個急剎車，不再提揪鬥之事，轉而請我去做工作組示範田的技術參謀。

我轉禍為福了！但為了完成揪鬥指標，工作組決定揪另外一個人，拿曹老師去頂數。那時候的事，實在是太荒唐了。

此後，工作組不但願意聽我宣傳培育水稻雄性不育系對增產糧食的重要性，而且默許我把雜交水稻試驗秧苗從臭水溝裏搬到光天化日之下，大大方方地搞。我壯着膽子請求工作組批准我每日中午請兩個小時假，為試驗稻穗雜交授粉，出乎意料，工作組卻批准給我一個上午。我僅要求連續三天，卻批准為一個星期。

為什麼國家科委會來函支持我搞雜交水稻呢？後來我得知，是我那篇發表的論文〈水稻的雄性不孕性〉救了我！具體是論文在《科學通報》上發表後，很快被國家科委九局的熊衍衡同志發現，他將此文呈報給了當時的九局局長趙石英。趙局長認為，水稻雄性不育研究，在國內外是一塊未開墾的處女地，若能研究成功，必將對中國糧食生產產生重大影響，於是立即請示國家科委黨組。國家科委主任聶榮臻副總理表示支持，黨組集體討論予以批准。1966 年 5 月，趙石英同志及時地以國家科委的名義，分別向湖南省科委與安江農校發函，責成他們支持我從事這項研究。就這樣，在國家整體進入政治動盪的歲月裏，我能夠獲得繼續從事研究的權利與時間，使剛剛起步的雜交水稻研究得到了保護，避免了被扼殺在搖籃中的可能後果。

1967 年 2 月，按國家科委的指示，湖南省科委派員到安江農校了解情況，由我起草了《安江農校水稻雄性不孕系選育計劃》，並提議將應屆畢業生李必湖和尹華奇留校作為助手。省科委決定支持列入省級項目，下撥科研經費 400 元。同年 6 月，成立了由我負責的科研小組，這時安江農校已改稱「黔陽地區農校」。

湖南省科委給安江農校發出的公函 [1]

請繼續安排「水稻的雄性不孕性」的研究

安江農校：

科學通報第 17 卷第 4 期載有你校袁隆平等同志所寫的「水稻的雄性不孕性」一文，我們認為這項工作意義很大，在國內還是首次發現，估計將是培育水稻雜交優勢種的一個很好的途徑。如果能夠成功，將對水稻大幅度增產起很大作用。國家科委九局曾於去年給我委來函問及有關情況，並責成我們予以支持。我委曾於今年二月下旬派員去你校了解研究項目的有關情況，並與你校革命造反組織研究了加強政治思想教育和適當擴大研究等有關問題。

為了加快該項目研究的進度，希望你們列入你校科研計劃，給予適當支持，並請將今年研究計劃報告我委。

湖南省科學技術委員會（印）

1967 年 8 月 16 日

抄報：國家科委、中南局科委

抄送：省農科院、省農業廳、黔陽地科委、黔陽專區農業局、農科所

三人科研小組中的李必湖和尹華奇，是我班上的學生。從 1964 年我全身心地投入到選育雄性不育系的試驗以後，他們倆懷着強烈的求知慾，都主動來找我，希望我帶領他們一起搞研究。因此，在這次籌劃中，我特別提出了請求，經湖南省農業廳批准，他們兩人成了我的第一批助手。

國家科委的一紙便函是「尚方寶劍」，使我免遭批鬥，使雜交水稻的起步研究得到了一定的保護。但在曠日持久的「文革」動亂中，層層抓「走資派」，各級領導機構的掌權勢力

1　公函原文見本章章尾附圖 18。

分合變幻不定，經常處在無法無天的狀態。紅衛兵造反派貼我的大字報：「袁隆平搞資產階級盆盆缽缽研究，宣揚資產階級的孟德爾、摩爾根遺傳學説，我們堅決不答應！」在「徹底砸爛罎罎罐罐」的喊聲中，我用於培育珍貴的雄性不育秧苗的60多個試驗缽被全部砸爛。這時妻子鄧則安慰我：「雄性不育秧苗沒有了，還可以重新找到，重新培育，我們還是可以把雜交水稻搞成功的。」在妻子的鼓勵下，我連夜從牀上爬起來，兩人偷偷摸摸來到試驗場地，搶救殘存的部分秧苗。幸好有幾個同學把我最重要的材料藏到一個隱蔽的地方去了，逃過了一劫。

雄性不育秧苗經過反覆繁殖，已達到數百株。1968年春天到來時，我們準備將700多株秧苗插在學校分給我們的試驗田中，那塊田統共133平方米，2分地，田號是中古盤7號。與此同時，為了加快研究進程，我決定去廣東進行繁育。2月14日，是我的第二個兒子出生的日子，可是農時誤不得，兒子出生才3天，我就不得不帶領助手們踏上了南下的火車。到了廣東農科院，兩派群眾組織正在「文攻武衛」地鬧，怎麼播種呢？當時廣東省科委有一位叫藍臨的女幹部，她特別關照我們，把我們安排到南海縣大瀝公社農科站，這才使我們得以安心搞試驗。這位藍臨女士後來調到了湖南省科委，對發展雜交水稻事業給予了很大的支持。

我將從廣東南海試驗帶回的種子播在試驗田裏，剛剛長成嫩嫩的小秧苗時，在一切看似有條不紊進行的試驗過程裏，1968年5月18日夜裏，卻突然發生了一起人為的毀苗事件。

這一天是星期六，我到妻子鄧則所在的農技推廣站去了。這時就有人趁機蓄意破壞，在夜間把秧苗全部拔光了。這天晚上下了一場大雨，我心裏惦記着弱小的秧苗，生怕它們經不起雨水的沖刷，第二天一早我就急着趕回學校，直奔試驗田去查看。結果使我驚呆了，田裏的秧苗全部不見蹤影！那段時間裏，我們每天到田裏看水稻試驗秧苗，像帶小孩一樣，看着好高興的。結果一下沒有了，被人拔掉了！我當時腦殼一片空白，心中非常痛。怎麼搞的？昨天還好好的，一個晚上就沒有了！為什麼給我拔掉了呢？

後來我四處尋找雄性不育試驗秧苗，只在一口井裏發現了水上浮起5根秧苗，看上去與我們的秧苗差不多。我要趕快把它們撈出來！於是顧不上其他什麼，我奮不顧身跳進井裏面。我心想，能不能撈起更多的秧苗？但那口井有兩丈多深，我僅能撈到幾根秧苗出來。後來學校領導下令抬來抽水機，把井水抽幹，但那時已經晚了，沉落在井底的秧苗已有3天，全部漚爛了。

事發後儘管多方調查，但由於「文革」時期的混亂，終未能查得結果，「5.18」毀苗事件至今也還是個懸案。萬幸的是，我及時搶救出的五株秧苗成活了下來，保住了研究材料，總算沒有「斷後」，還可以繼續下去。假如沒搶救出來，斷了後，前四年的工作就全部廢了，因為從1964年到1968年的每一年每一代之間都有關聯。沒有這五株秧苗，後面的研究就繼續不了了。吃了這一次大虧，我們後來在工作中不得不注意防範，對周圍做了些「保密」。

1　1957 年袁隆平與「班三角」合影

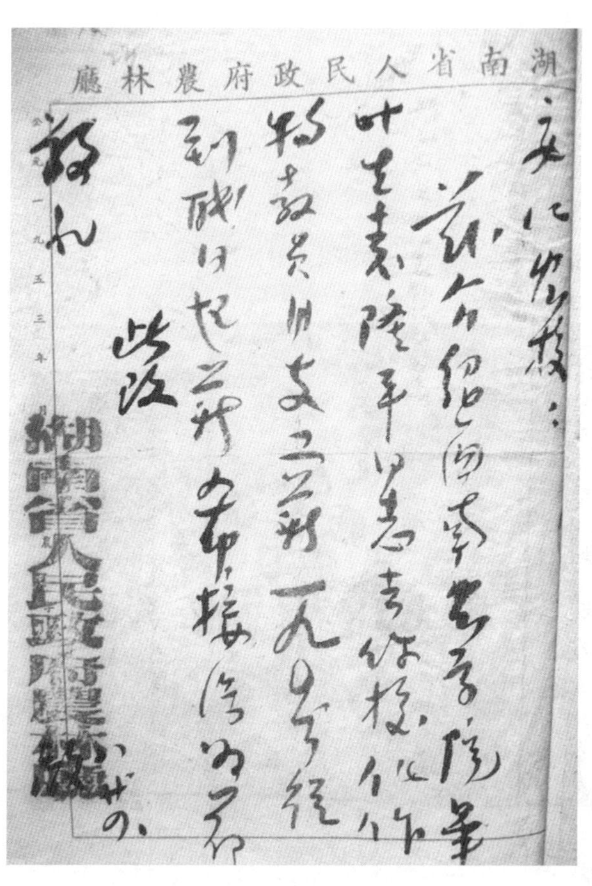

湖南省人民政府農林廳

公元一九五三年　月　日

2　湖南省農林廳為袁隆平開具的介紹信

3　1957 年夏擔任班主任的袁隆平（2 排右 5）與畢業班同學合影

4　安江農校教學樓，袁隆平從這裏開始向科學進軍

5　湖南省安江農業學校校門

4
5

不同生物体的杂种优势　已經知道自交对有些生物体（玉蜀黍）是經常有害的，其他則偶而有害（果蠅），亦有完全無害的（小麦）。这种差别是受不同物种的生殖生物学所約束的。如果像小麦，自花受精是正常生殖方法，隐性有害突变在其發生之后立即同質化，因而几乎像有害显性突变一样迅速而有效地消灭了。小麦大多数基因的同質化是这种物种在进化發展过程中所适应的正常状态。所以，小麦自交不会使旺势消灭，异交一般不表現杂种优势。

异体受精的物种，有害显性突变型立即消灭，而有害隐性突变型則容許在异質体状态中累积起来。因此，果蠅屬自然群体的大多数个体是体染色体上有害隐性的异質体，在X染色体上即使發現有害基因，由于隐性突变基因可以在雄蠅的表現型上显現，有害突变得以消灭。由此可知，近亲繁殖可使大多数

袁隆平　先生：

我社于1966年3月份由（人民銀行／邮局）寄上您在"科学通报"17:4期上刊登的一篇稿酬14.28元由于您（长期未领取／地址变动／工作調动）（銀行／郵局）无法支付，又退回我社，现該款暫存我社，請速告知詳細地址，以便再行汇上。

此致

敬礼

科学出版社計划財务科

1966年4月21日

6 《遺傳學原理》封面（左）和引文部分（右）書影

7 科學出版社寄給袁隆平的稿費通知單

水稻雄性不孕性的发現

水稻具有杂种优势現象，尤以秈粳杂种更加突出[1]，但因人工杂交制种困难，到現在为止尚未能利用。显然，要想利用水稻的杂种优势，首先必須解决大量生产杂种的制种技术，从晚近作物杂种优势育种的研究趋势和实际成果来看，解决这个问题的有效途径，首推利用雄性不孕性。

为了覓获水稻的雄性不孕材料，我们最近两年在水稻大田进行了逐穗检查工作，发現一些雄性不孕植株，現将发現经过和初步观察结果，报导如下。

方法和经过

水稻雄性不孕植株，是1964和1965年在湖南省安江农校实习农场及附近生产队的水稻大田中检查出来的。已知花药不开裂是許

(19×16=304) 第 1 頁 (15)

8 袁隆平的論文手稿

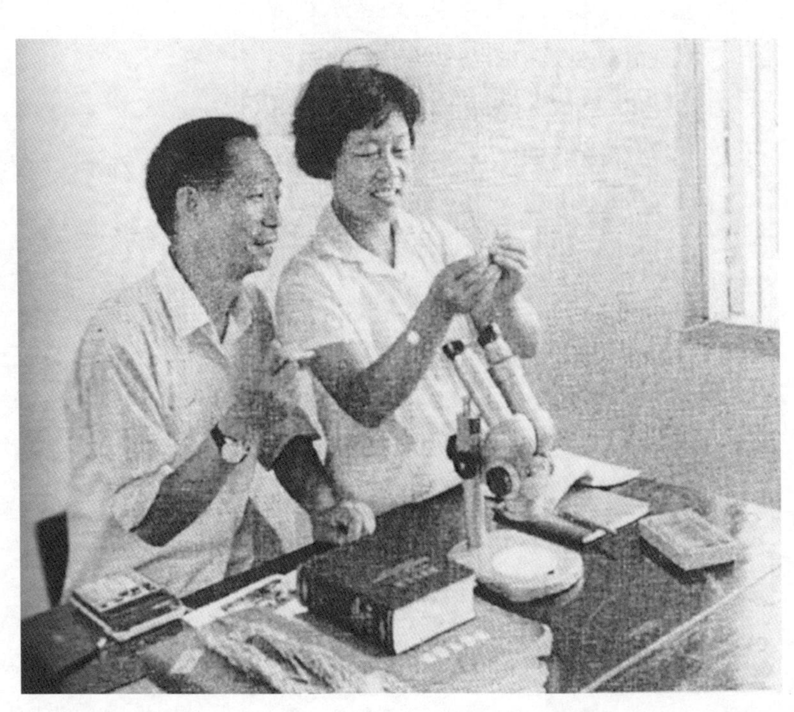

9　袁隆平和妻子鄧則一起做研究

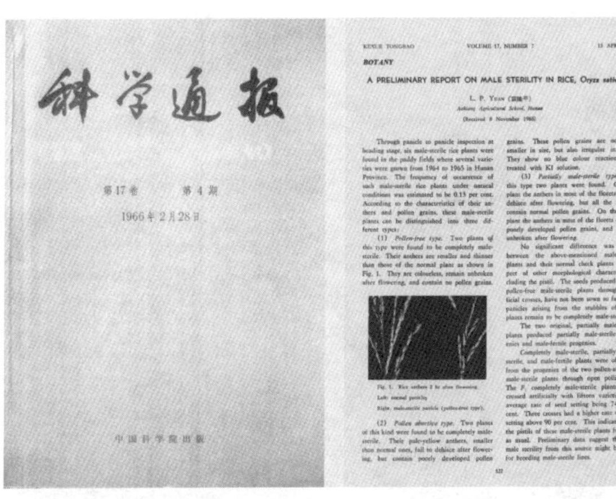

科学通报

第17卷　　第4期

1966年2月28日

中国科学院出版

KEXUE TONGBAO　　VOLUME 17, NUMBER 7　　15 APRIL 1966

BOTANY

A PRELIMINARY REPORT ON MALE STERILITY IN RICE, *Oryza sativa* L.

L. P. Yuan (袁隆平)

Anjiang Agricultural School, Hunan

(Received 8 November 1965)

Through panicle to panicle inspection at heading stage, six male-sterile rice plants were found in the paddy fields where several varieties were grown from 1964 to 1965 in Hunan Province. The frequency of occurrence of such male-sterile rice plants under natural conditions was estimated to be 0.15 per cent. According to the characteristics of their anthers and pollen grains, these male-sterile plants can be distinguished into three different types:

(1) *Pollen-free type.* Two plants of this type were found to be completely male-sterile. Their anthers are smaller and thinner than those of the normal plant as shown in Fig. 1. They are colourless, remain unbroken after flowering, and contain no pollen grains.

Fig. 1. Rice anthers 2 hr after flowering.
Left: normal panicle;
Right: male-sterile panicle (pollen-free type).

(2) *Pollen abortive type.* Two plants of this kind were found to be completely male-sterile. Their pale-yellow anthers, smaller than normal ones, fail to dehisce after flowering, but contain poorly developed pollen grains. These pollen grains are not only smaller in size, but also irregular in form. They show no blue colour reaction when treated with KI solution.

(3) *Partially male-sterile type.* Of this type two plants were found. On one plant the anthers in most of the florets fail to dehisce after flowering, but all the anthers contain normal pollen grains. On the other plant the anthers in most of the florets contain poorly developed pollen grains, and remain unbroken after flowering.

No significant difference was found between the above-mentioned male-sterile plants and their normal check plants in respect of other morphological characters including the pistil. The seeds produced by the pollen-free male-sterile plants through artificial crosses, have not been sown so far. The panicles arising from the stubbles of these plants remain to be completely male-sterile.

The two original, partially male-sterile plants produced partially male-sterile progenies and male-fertile progenies.

Completely male-sterile, partially male-sterile, and male-fertile plants were obtained from the progenies of the two pollen-abortive male-sterile plants through open pollination. The F_1 completely male-sterile plants were crossed artificially with fifteen varieties, the average rate of seed setting being 74.1 per cent. Three crosses had a higher rate of seed setting above 90 per cent. This indicates that the pistils of these male-sterile plants function as usual. Preliminary data suggest that the male sterility from this source might be used for breeding male-sterile lines.

522

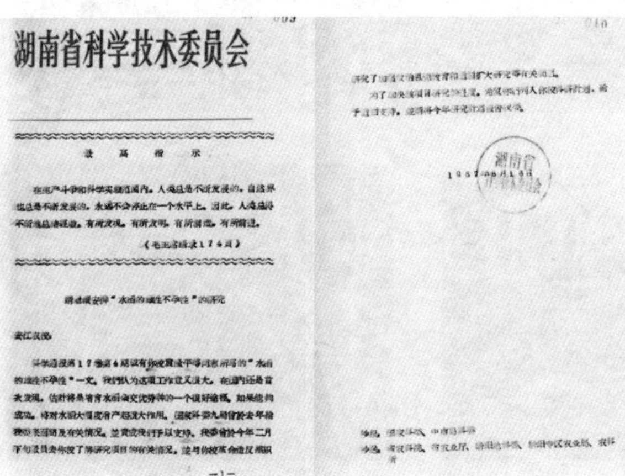

湖南省科学技术委员会

最　高　指　示

在生产斗争和科学实验范围内，人类总是不断发展的，自然界也总是不断发展的，永远不会停止在一个水平上。因此，人类总得不断地总结经验，有所发现，有所发明，有所创造，有所前进。

《毛主席语录174页》

关于继续安排"水稻的雄性不孕性"的研究

安江农校：

科学通报第17卷第4期刊有你校袁隆平等同志所写的"水稻的雄性不孕性"一文。我们认为这项工作意义很大，在国内还是首次发现，估计将是培育水稻杂交优势种的一个很好途径，如果能够成功，将对水稻大幅度增产起很大作用。国家科委九局曾于去年给我委来函谈及有关情况，并责成我们予以支持。我委曾于今年二月下旬派员去你校了解研究项目的有关情况，并与你校革命造反派组织

—1—

研究了该项工作继续进行和适当扩大研究等有关问题。

为了继续该项目研究的进展，希望你校将该项研究列入你校科研计划，给予适当支持。并请将今年研究计划报我委。

1967年6月14日

（印章：湖南省科学技术委员会）

10 刊有袁隆平《水稻的雄性不孕性》的《科學通報》中文版封面（左）和英文版正文（右）

11 湖南省科委給安江農校發出的公函

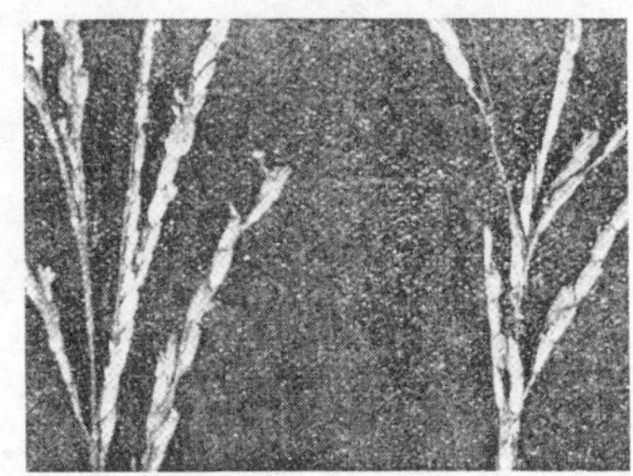

12 1967 年袁隆平（右 1）帶學生在試驗田

13 科研小組試驗材料的盆缽

14 開花後 2 小時花藥的狀態。左為正常稻穗，右為雄性不孕稻穗（無花粉型）

12

13|14

15 袁隆平（中）的科研小組在試驗田中
（左李必湖，右尹華奇）
16 1968 年 5 月 18 日毀苗案發現場
17 袁隆平發現的鶴立雞群的稻株

15
16|17

第四章　三系配套 協作攻關

即使面對着成百上千次的失敗，
我依然還是能保持樂觀，
而且堅信當初設想的三系配套方案
一定能夠實現。

「文革」中的科研環境實在太差了，不時有人造輿論說「袁隆平是地地道道的科技騙子」「騙國家的科研經費」「研究雜交水稻沒有前途」「雄性不育試驗搞不下去了」，等等。不過，我對此從來都不予理睬，不管遇到什麼困難和壓力，我們一直都沒有放棄。因為雜種優勢是生物界的普遍現象，水稻不會例外；而且水稻的雜種優勢，肯定會大幅度提高水稻的產量。我有這個信心，而且這個信心一直支撐着我。再者，我也沒理由放棄。上至國家科委，下至黔陽地區和安江農校的領導，都給予了很大的支持，立項、撥款、配班子，使我們的工作能夠「名正言順」地開展，這在「文革」中已是很難得見的。回過頭來想一想，與當時全國大多數科技人員相比，我已經算是比較幸運的了。

幾年來的探索，對三系遺傳關係的認識進一步深入了。針對實施三系配套研究計劃，我們把培育雜交水稻比喻為對一個家庭生育計劃的設計，即首先就是要培育具有雄性不育特性的「母水稻」（雄性不育系），它自己沒有花粉，需要其他品種的花粉給它授粉，才能產生具有雜種優勢的雜種一代；然後給雄性不育系「母水稻」找一個具有特殊本領的「丈夫」，也就是雄性不育保持系的品種，它除了本身雌、雄蕊正常，使自己能繁殖後代外，還能給「母水稻」授粉，使之結出的後代仍然保持雄性不育的特性；在此基礎上，再給「母水稻」找另一個雄性不育恢復系的「丈夫」，這個恢復系除能自繁外，還能用親和的血緣「醫治」不育系不育的「創傷」，使它們雙方的「愛情結晶」(即雜種) 迅速圓滿地恢復生育能力，並且高產優質。這種「婚姻關係」較為複雜，在研究實際中也不是一帆風順的，經歷了許許多多的艱難和曲折。

到雲南元江去尋找野生稻

「5.18」毀苗案件從反面教育了我，在無休止的政治運動中，面對無法抵禦的人為破壞，我們顯得很無奈。但惹不起躲得起，我們乾脆出去，離開單位，避開這些對雜交水稻研究的不利因素。後來表明，這樣一來我們就贏得了研究工作的主動權。離開了干擾多多的是非之地，在外地因為成了客人，相反還受到當地的禮遇。

1968 年 10 月，我帶上兩個助手，到海南陵水開展研究試驗。也就是從這年起，每年 10 月當寒流席捲洞庭湖畔時，我就帶上兩個助手，開始在湖南、雲南、海南、廣東和廣西之間南北輾轉，因為這些屬於熱帶的地區，為水稻育種及加速育種進程提供了優越的自然條件。這樣，一年 365 天，幾乎天天都可以在田間搞試驗，大大節約了科研時間。我們是在與時間賽跑，一年當兩三年用，像候鳥一樣追趕着太陽走，也因此連續七個春節沒有回家，都是在外面度過的。

1969年，由於運動中提出「接受工農兵再教育」的口號，我們下到地區農科所勞動。當時，我們去了設在靖縣的地區農科所，其中一些出身不好的人被抽出組成所謂「毛澤東思想宣傳隊」，並被派往300多里以外的漵浦底莊煤礦勞動鍛煉，我便是其中的一員。我的兩個助手李必湖和尹華奇則留在農科所，在0.5畝地上繼續搞試驗。這時，省裏來了位專家，他聽了李必湖、尹華奇的匯報後，大講一通「自花授粉植物沒有雜種優勢」的理論，不屑地說「年輕人懂什麼」，還說「1000斤的禾，800斤的穀就不錯了」。這股冷風一吹，已增加到1000元的研究經費就被停撥了。當時，我又不和他們在一起，李必湖、尹華奇兩個急成了熱鍋上的螞蟻。但他們兩個人出身好，也有一股年輕人的衝勁，都對雜交水稻工作有一種特別的感情，不想輕易放棄，於是分別給湖南省科委楊武訓以及地區科委主管該項目的曾春暉發去了情況匯報和請求支持的電報。楊武訓曾經是安江農校我當過班主任班上的學生，跟李必湖、尹華奇是不同級的同學，畢業工作後到了湖南省科委。電報發出後一個星期，國家科委立即派出資深專家、中科院遺傳所張孔湉教授趕赴安江農校了解情況。張孔湉是研究雜交高粱的專家，他是支持「自花授粉植物有雜種優勢」的觀點的。他肯定了我們研究小組的研究具有極高的科學含金量和實用價值，還向李必湖、尹華奇傳授了許多知識，並建議地革委把我調回來搞雜交水稻研究，得到地革委領導的同意。省科委在接到李必湖、尹華奇的電報後，也引起了重視，隨後派來以陳國平為首的工作組，進行實地調查，證實李必湖、尹華奇二人反映的情況屬實。這樣一來，李必湖、尹華奇兩個人便有了底氣，他們兩個便大膽提出要求，説一要他們的老師回來，二要落實他們的生活費。於是，省科委和農業廳出面干預，迅速把我調回來工作。另外，當了解到我們經費不足時，省裏又安排了專項經費 3000 元，加大支持力度。這是很重要的。我的兩位助手李必湖、尹華奇，原是「社來社去」的學生，每個月領取 18 元的生活費，這下子把他們的生活費也升到了 26 元。有錢才能維持他們的生活，才能穩定這支研究隊伍。由此可見，省裏是真正重視和支持這項研究工作的，這是我們將研究堅持下去的必要保證。有了這份保證，我們才有信心，所以儘管研究中遇到七災八難的，我們的研究小組還是咬着牙挺下來了。

自 1964 年到 1969 年，歷經 6 年的坎坷，我們用已發現的無花粉、花藥退化和花粉敗育 3 種栽培稻的雄性不育株，先後與近 1000 個品種和材料做了 3000 多個雜交組合的試驗，按「洋葱公式」，選育出具有一定保持能力的無花粉型南廣占雄性不育材料（簡稱「C 系統」）。但是搞「C 系統」很多年，結果均達不到每年 100% 保持不育，因為這些雄性不育株情況總是今年是不育的，到了明年則又是一部分不育、一部分可育的。就是説，折騰了這麼些年，總是有分離，一直都沒有育成理想的不育系。總體上説，研究進展不大。

即便面對着成百上千次的失敗，我依然還是能保持樂觀，而且堅信當初設想的三系配套方案一定能夠實現，但我們應該總結經驗教訓。

1969 年冬，我們到雲南元江繼續培育。因為我一直在思考怎樣進行下一步的工作，於是我召集助手們一起坐下來認真總結前面 6 年的工作。經過分析發現，在這些試驗中，儘管雜交試驗所用的材料很多，但它們與用做母本的不育材料都是栽培稻，而且親緣關係較近；同時又發現個別具有一定保持能力的品種，則與不育材料的親緣關係稍遠。難道效果不理想是因為試驗材料有局限？親緣關係較近是否就是品種間材料雜交不能達到預期目標的原因？我聯想到國外通過南非高粱和北非高粱的遠緣雜交才獲得成功的範例，一下子悟出問題的癥結所在：這些年來試驗的材料，都是國內各地的水稻栽培品種，而且是以矮稈為主的栽培稻。我意識到這樣做下去不行，親緣都很近，突破不了，因此想到要拉開親緣關係距離。不能吊死在一棵樹上！要廣闢途徑，多渠道地尋找和獲得雄性不育材料。我豁然開朗了，解決問題的關鍵，就是必須跳出栽培稻的小圈子，另闢蹊徑，拓寬使用的種質資源。「公禾」的啟示表明，秈、粳交可以造成部分不育；再拉開點距離，搞野生稻！於是，我決定尋找野生稻，從親緣關係較遠的野生稻身上尋找突破口！

下一步應該改變策略，進行遠緣雜交，即結合遺傳學中關於親緣關係遠近對雜交後代影響的有關理論，嘗試用野生稻與栽培稻進行遠緣雜交，通過核置換的方法，創造新的雄性不育材料，建立新的三系關係。

野生稻分佈在海南、雲南、廣西等地的偏遠地區。1970

年 4 月，我們在雲南徵集了野生稻資源，並帶回湖南在靖縣做野栽雜交試驗。但因為沒有對野生稻進行短光處理[1]，野生稻到 9 月底還未抽穗，野栽雜交試驗沒能做成。

常德會議成為轉折

1970 年 6 月，湖南省革命委員會在常德召開湖南省第二次農業學大寨科技經驗交流會。為配合大會的召開，會前籌辦了專題展覽。在黔陽地區的展室裏，介紹水稻雄性不育試驗項目的內容被安排在展板中頭版頭條的位置，旁邊還有實物展示，擺放着水稻雄性不育的禾苗。大會的頭一天，當時的湖南省革命委員會主要負責人華國鋒，仔細地觀看了雜交水稻研究展覽，聽取了匯報。第二天會議正式開始時，華國鋒同志還破例把我請到主席台上，在他的身邊就座，並讓我發言。會上，他還給我們研究小組頒發了獎狀。這真是雪中送炭，使得孤獨前行的我們，在一片陰霾中感受到了巨大的力量。當時，我心裏既欣慰又不安，因為當時的科研工作進展並不順利。我向會議代表介紹了研究的實際情況，也説明了存在的技術問題和解決問題的難度，表示有些愧對大家的期望。

華國鋒同志聽完我的發言後，充分肯定了前期艱難探索的階段性成果，指示要把水稻雄性不育研究拿到群眾中去搞，並

1　對感光性較強的品種進行短期定周期誘導處理，能促進發育，提早開花日期。

要求有關地市和部門大力支持。我聽後受到極大的鼓舞，也更堅定了攻克難關的決心和信心。他還和我交談，説對於科學研究，他是個外行。但知道，農業生產要發展，就得依靠農業科學的進步；而農業科學的進步，離開農民和土地，是不可能成功的。作為一個地方的領導人，支持和幫助我們的科研項目，是他的天職。

根據大會的最後決定，1970 年 7 月，省農林局下文，將「水稻雄性不育研究」列入第一個年度科研計劃重大研究課題（持續到 1990 年每年列入年度科技計劃，撥給科研經費）。此後，雜交水稻研究成為全省協作項目，組織成立了「湖南省水稻不育研究協作組」，最初是安江農校、湖南省農業科學研究院、湖南省賀家山原種場、湖南農學院、湖南師範大學生物系等五個單位參加，還舉辦「水稻雄性不育學習班」，由水稻雄性不育研究小組的科研人員給學習班講課，普及水稻雜種優勢利用知識。後來在全省掀起了一個水稻雄性不育研究熱潮，各地（市、州）、縣「三結合」研究小組紛紛成立。

常德會議之後，我決心重新調整研究方案，繼續用野生稻與栽培稻進行雜交，也就是通過野生稻與栽培稻進行核置換，來培育細胞質雄性不育系或核質互作型雄性不育系，使不育系和保持系因細胞質的差異而造成育性差異，以達到突破徘徊局面的目的。

我們先是在雲南元江尋找野生稻，找到後拿到湖南進行試驗，由於生育期太長了，結果卻不能抽穗。為此，我決定去海南島尋找野生稻，真的是要走向「天涯海角」啰。

在海南三亞發現「野敗」

1970 年夏秋，我們來到海南三亞繁育，同時繼續收集野生稻資源。我們當時住在海南南紅農場，那時我常給助手講課、講「洋蔥公式」，農場技術員馮克珊等幾位同志也來和我們跟班學習育種技術。正因為這樣，馮克珊懂一點，知道花粉瘦癟就是不育。馮克珊是當地人，知道什麼地方分佈有野生稻。11 月份，到了野生稻抽穗揚花的季節。11 月 23 日這天，馮克珊帶李必湖去尋覓野生稻。他們來到了南紅農場與三亞機場公路之間鐵路涵洞的水坑沼澤地段，這裏長着一片面積大約有 200 平方米的普通野生稻。當時正值野生稻抽穗揚花的時候，他們看到這裏的野生稻的花藥十分肥大，顏色鮮黃，張穎角度大，柱頭長大且雙邊外露，生殖性狀極易識別。緊接着，他們發現有 3 個稻穗的花藥有些異常，因為李必湖對識別水稻雄性不育株具有豐富的感性知識，馮克珊也知道一些。他們看到這 3 個雄蕊異常的野生稻穗是由一粒種子生長起來的分蘖，其花藥細瘦呈箭形，色淺呈水漬狀，不開裂散粉，很像我們試驗田裏的不育株的花藥。由此初步推斷，這很可能是一株雄性不育的野生稻。他們非常高興，隨即把它連根拔起，搬回試驗基地做鏡檢。結果在顯微鏡下它的花藥也呈現淡青白色，與試驗田裏的不育株的花粉染碘鏡檢的情況一樣。然後，他們把它栽在試驗田的一小塊空地裏，準備做進一步的觀察研究。

我當時正去了北京請教有關專家，這時接到了助手發來的電報，於是火速趕回海南島三亞。我馬上通過鏡檢，確認的確是一株花粉敗育的野生稻，當即把它命名為「野敗」。

這株野生稻株型匍匐，分蘗力極強，葉片窄，莖稈細，穀粒小，有長芒，易落粒，葉鞘和稃尖紫色，柱頭發達外露，除雄性不育性外，其性狀與海南島的普通野生稻沒有差別，屬於 *Oryza sativa L.f.spontanea*[1]。「野敗」原始株的花藥瘦小，黃色，不開裂，內含典型的敗育花粉。我們用它與多個品種做了雜交。當時得到「野敗」的時候，並不能預見到它是一個突破口，只認為這是一個很好的資源。我們進一步研究，第二年才發現這個家伙是好東西：雄性不育，且不育性能夠保持下去。到了1973年，我們種了幾萬株「野敗」材料，全部是不育的，沒有一株有花粉的。這個時候，我才如釋重負，終於看到曙光了！

我們於是把研究的重點立即轉移到「野敗」材料上，獲得的雄性不育株能100%遺傳，其後代每代都是雄性不育株，這就為雜交稻研究成功打開了突破口。

一闖三系配套關

常德會議做出將雜交水稻研究列為全省協作項目的決定，這樣，許多人開始參與到選育三系的科學試驗活動中。當時，大家所做的就是用遠緣雜交的方法，將自然界中已經存在的不育稻株作為材料進行培育，在全省範圍內找到了上千個不同品

---

1 植物屬名。

種、幾種不同類型的不育稻株。為了獲得穩定的不育系和保持系，又用這些不育稻株同上萬個栽培品種進行測交，進行育性試驗。可是，在栽培品種中沒有獲得理想的不育系和保持系。

我們曾於 1965—1968 年對無花粉型、花粉敗育型、花藥退化型不育材料的育性遺傳進行了研究，結果得出：三種類型的遺傳，其不育性均是受一對隱性基因控制的。我們在這之前的研究中，由於在現有品種中找不到保持系，於是從 1968 年開始，借鑒「洋葱公式」人工創造保持系的經驗，嘗試以測交後代育性恢復正常的子一代為父本，測交父本為母本進行反交，其後代分離出不育株和可育株，再以不育株與可育株進行兄妹交的方法來選育保持系。到 1971 年，我們配製了一些雜交組合，但選育的結果是父本和雜種都不斷發生育性分離，始終選不到穩定的保持系。

實際上，在 1970 年以後，全國各省、市、自治區普遍開展了水稻雄性不育系選育的研究。許多研究單位利用我們的無花粉型不育材料與南廣占雜交的雜種後代各個系統（即「C 系統」）的不育材料進行廣泛測交，篩選保持系。有的繼續從大田中尋找新的雄性不育株；有的採用輻射誘變方法誘導雄性不育株。但研究與分析認為，大田中選得的和輻射誘變產生的雄性不育株，絕大多數是由核基因突變產生的，受一對隱性核基因控制，屬於核不育遺傳類型，所以找不到保持系。

為加快雜交水稻研究，1970 年冬，湖南省革委會決定成立研究領導小組，由省委常委掛帥，加強領導，從政治思想、人力物力上給予有力的保證。協作組的 5 家單位，在更廣泛的範圍內開展科學試驗。這是雜交水稻協作研究能持續發展的關鍵，是雜交水稻能迅速突破的關鍵。「湖南省雜交水稻研究」項目和科研協作組設在省農科院，省裏決定讓我在技術上負責這項工作，並把我的編制從安江農校調到了省農科院的水稻研究所。另外，還從相關單位抽調了一些人員充實研究隊伍，如周坤爐、羅孝和等等。

1971 年春，中國科學院業務組[1]副組長黃正夏同志到海南，召集在海南搞南繁的有關省和單位召開會議。會議號召搞協作，加快研究進程。會後，先後有廣東、廣西、江西、湖北、新疆等 8 個省、自治區的 30 多位同志，到海南南紅農場湖南基地來跟班學習，逐步發展為大協作的態勢。

這是雜交水稻研究最關鍵的時期。當時，省農科院水稻研究所絕大多數科研人員是搞常規水稻育種的，雜交水稻協作組只是掛靠在這個研究所。我雖然調來長沙，但主要試驗基地還是在安江農校，助手和家也都在安江。這時，研究工作正處在攻堅階段，省裏安排了「夏長沙、秋南寧、冬海南」的加速育種計劃，這就是所謂的「南繁北育」。一年三代，我們日夜奔波在不同的科研基地。所以，我實際上在長沙停留的時間很少。在省農科院的招待所樓裏為我安排了一個房間作為臨時住所，條件很簡陋。

每年到了秋冬季，育種人員就該去南繁了。南繁是研究中

1　1970 年 7 月，中國科學院和國家科委合併，在中國科學院院部機構中設科研生產一組（又稱第一業務組），承擔原國家科委負責全國科技管理工作的職能。

特殊的一個環節，南方溫度高，通過南繁加代，可以加快育種的進程。搞一個品種出來要八個世代，如果不在海南搞，需要八年才能搞出一個品種來；而在海南搞，就可以加一代，只需要四年。一般來講，搞水稻時間很長，每種一季，從播種、種植、開花、結實，周期很長，一般都要四五個月。品種好不好還不説，就是周期很長。我們為了加快速度，一年種兩代，或者三代，即夏天在湖南，秋天在廣西，冬天在海南。後來又有了人工氣候室，大概三年就可以出一個品種。因此，原來出一個新品種要八年，現在只需三年了。海南三亞有着得天獨厚的自然條件，是植物的天然溫室，是理想的南繁試驗地。全國所有的農業科研機構，大多數都在海南三亞設有南繁基地。

由於要縮短周期，儘快地出結果，所以工作是非常辛苦的，而且那是在六七十年代，條件非常差。去海南南繁的路途上也是很辛苦的，坐汽車、火車，也沒有卧鋪什麼的，硬座車廂裏的人總是擠得滿滿的。我們背起一牀棉絮，上面橫一捲草蓆；提個桶，桶裏面放種子，就這樣趕車趕船下海南。工作中要經常熬夜。田裏面條件也很差，都有螞蟥什麼的。住的地方，一般是一個房間裏面睡七十幾個人的連鋪，被子需要自己帶。包括吃的，一切都是自己帶的。從長沙帶很多的菜，什麼臘豬頭、臘肉、臘香腸、辣椒，再有什麼土香菜也很多。當時，羅孝和是研究小組裏管伙食的會計，從湖南帶來的臘肉，到這裏溫度一高就會滴油。他就會報告：「袁老師，今天又減少了二兩！」臘肉滴油，當然分量就要減少嘍。

雖然辛苦，但是有一條，我覺得樂在其中。為什麼樂在其中呢？我覺得很有意義，很有希望，因此，心裏面還是很樂觀的。

「野敗」發現後，經過兩年的試驗，利用「野敗」轉育取得了重大進展，雄性不育株100%遺傳，也就是說其後代每代都是雄性不育株。但「野敗」不育株除不育性狀外，其他性狀基本上與普通野生稻相同，在生產上沒有直接利用的價值，必須進行精心的轉育工作，才能把「野敗」的不育基因轉入栽培稻，進而培育出生產上所需要的不育系。當時，我認為有必要及時公佈這一最新研究成果，以便爭取更多的人參與進來。因為多一個人參加研究就多一份智慧和力量，「眾人拾柴火焰高」，有利於儘早實現雜交水稻的三系配套。中國有2萬多個水稻品種，要想從中篩選出理想的品系，就需要動用全國各地的有關科研力量。

1971—1972年間，由於「野敗」的發現，全國在雄性不育系選育工作方面，轉入以培育質核互作型不育系為主，特別是利用野生稻與栽培稻雜交獲得雄性不育系，以期實現三系配套。

這樣，一向冷清的南紅農場一下子變得熱鬧非凡，全國十幾個省市的科研人員浩浩蕩蕩地會聚到這裏，開展雜交水稻三系配套的協作攻關。我們沒有把「野敗」據為己有，而是分送給全國18家有關單位。如福建省科研組的試驗秧苗出了問題，我們就把僅有的一蔸「野敗」第二代不育株挖出一半送去。同時，全國各地的農業科技工作者到我們基地來跟班學習，我們也很樂意在試驗田手把手地傳授雜交操作技術。只要能擠出時間，我就支起小黑板給大家講課，把自己多年積累的知識和經驗奉獻給大家。

我們用不同的秈、粳稻品種與「野敗」做了一些雜交，新配了一批組合。1971 年 9 月，我們將配製的雜種在海南島崖縣播種。12 月，陸續抽穗，觀察了 10 個雜交組合的表現，發現大多數組合的子一代出現育性分離，完全不育株率達 41%。這些不育株的花藥與原始「野敗」不同，表現為花藥變大，空秕瘦長，箭頭呈水漬狀乳白色或油漬狀乳黃色，囊中花粉全部敗育，不育性優於原始株，且在海南 4—5 月高溫強日照條件下，未見到育性恢復，説明「野敗」的不育性是能夠通過雜交遺傳給後代的。1972 年春，從這 10 個組合中選擇了 4 個表現較好的組合進行回交，同時又用 44 個品種進行測交，儘管測交的品種不多，但根據測交的結果可以看出，無論秈稻或粳稻都出現了具有完全保持和完全恢復的品種。我深有體會的是，用以前的材料與方法，採用篩選法和人工製造法，都很難獲得保持系，唯獨「野敗」的表現與其他不育材料不同，真是異軍突起，別開生面，給試驗帶來了很大的起色！這預示着通過「野敗」育成水稻三系，具有較大的可能性。

繼湖南之後，最早利用「野敗」原始株的江西、新疆、福建、安徽、廣東、廣西等省（區），根據各自掌握的栽培稻品種，也紛紛與「野敗」配組，試圖將「野敗」原始株的雄性不育基因轉育到栽培品種中。江西省萍鄉市農業科學研究所等單位還到湖南跟班學習，他們用「野敗」原始株與 7 個秈、粳稻品種雜交，表現為對「野敗」的不育性都有不同的保持能力，證明在不育系選育中，「野敗」是一個很有利用價值的寶貴材料。

1972 年 3 月，水稻雄性不育研究被列入全國農林重大科研會戰項目，這時已有 19 個省、市、自治區開展相應研究工作。由於湖南省雜交水稻研究協作組工作開展得有聲有色，同年 10 月，由中國農林科學院和湖南省農業科學研究院共同主持，在長沙召開了全國雜交水稻科研協作會議。在這次會上，湖南省不育系研究協作組向大會宣讀了《利用「野敗」選育水稻不育系的進展》論文，指出利用「野敗」育成水稻雄性不育系的希望很大。會上 19 個省、市、自治區農業科學院和部分大專院校成為協作單位。

此後，全國各地的有關農業科研單位利用我們提供的「野敗」細胞質不育材料，大大加速了利用「野敗」與栽培稻雜交轉育的進程。這一舉措也成為正式啟動全國雜交水稻大協作的標誌，很快在全省、全國形成了一場以「野敗」為主要材料培育三系的協作攻關大會戰。幾十個單位互通有無，做了幾千個組合的測交和幾個世代的回交選育，全國各省又一次彙集海南島進行育種試驗。

在開展廣泛協作的基礎上，很快擺脱了幾年來研究工作處於困境的局面。

我們用「野敗」與不同的秈稻、粳稻雜交，很快育成中國第一個水稻雄性不育系「二九南 1 號 A」及其相應的保持系「二九南 1 號 B」。

在此期間，江西用珍汕 97，福建用 V41、京引 66、京引 177，新疆用查系 83、杜字 129，廣西用廣選 3 號等品種，也都獲得農藝性狀一致、不育株率和不育度達 100% 的群體。至此，中國第一批「野敗」細胞質骨幹不育系和相應的保持系宣告育成。實際上，繼「野敗」不育系後，新質源不育系的選育也取得可喜進展，湖北育成了紅蓮不育系，四川育成岡型不育系。但是據後來統計，中國在雜交稻選育過程中，「野敗」組合佔全國累計種植雜交水稻面積的 90% 左右，原因在於「野敗」三系組合具有強大的優勢。

在利用「野敗」與栽培稻雜交選育三系的同時，普通野生稻資源也得到開發利用。紅芒野生稻、藤橋野生稻、羊欄野生稻、華南普通野生稻、印度野生稻、隆安野生稻、田東野生稻等，與栽培稻雜交，育成一批野栽型不育系。利用野生稻與栽培稻雜交選育三系，經中國的實踐證明是一條行之有效的重要途徑。它不僅能夠獲得穩定的不育特性，而且能夠迅速實現三系配套，同時還可以獲得各種不同類型的遺傳背景，這裏最關鍵的是對不同類型野生稻細胞質的選擇。

三系中已育成了不育系、保持系，只差恢復系了。然而，找恢復系卻費了不少周折。

在某種意義上說，「野敗」恢復系的選育與不育系的選育是同時起步的。當用大量秈、粳稻品種與「野敗」材料雜交後，一方面看出利用「野敗」育成水稻不育系大有希望，另一方面在秈稻中測出了對育性有恢復力的品種。

但當時也有人認為，這可能是「野敗」細胞核同栽培稻細胞核特定基因互作的結果，一旦完成了核置換，這種雜交後代結實的現象將會消失。特別是用粳稻品種測交，後代結實的很少，這更使人擔心能使「野敗」細胞質恢復的基因是不是存在。這時，有人説「野敗」轉育成的不育系是細胞質不育，找不到恢復系；也有人説，即使三系配了套，也不一定有優勢，因此只主張少數人去探索一下，不贊成大搞。

在這個關鍵時刻，已在國務院任副總理的華國鋒同志批示，把雜交水稻列入國家重點科研項目，組織全國力量協作攻關。

1972 年 10 月，在中國農林科學院主持下，在長沙召開了第一次全國雜交水稻科研協作會議，交流了水稻雄性不育系選育的進展及問題，湖南對於雜交水稻的研究得到國家的肯定和重視。會議制訂了今後的研究計劃，並確定每年春天都要召開一次南繁現場經驗交流會，及時交流情況，總結經驗，確定協作方案，明確主攻方向。會上還及時提供測交品種，因而大大加速了研究的進程。

從 1972 年至 1982 年，全國雜交水稻科研協作組召開了 9 次協作會議，每次會議的召開都顯現了社會主義大協作的優越性，有利於當時情況下如何攻克難題，明確下一階段目標和要解決的問題，促進了研究的加快發展。有的會議的召開非同尋常，成為中國雜交水稻研發史上十分重要的歷史節點。如 1973 年 10 月在江蘇省蘇州市召開的第二次全國雜交水稻科研協作會議，就是一次具有標誌性意義的重要會議，標誌着中國水稻雜種優勢利用研究取得了重大突破。

1972—1982 年間全國雜交水稻科技攻關協作會議

序次	時 間	地 點	主 要 內 容
1	1972 年 10 月	湖南長沙	制定《全國水稻不育系研究調查記載項目試行標準》，首次肯定「野敗」是選育水稻三系的好材料
2	1973 年 10 月	江蘇蘇州	宣佈三系配套成功，交流雜交稻科研的進展和經驗，提出下一步的攻關設想
3	1974 年 9 月	廣西南寧	參觀廣西農科院和廣西農科院雜交晚稻現場，並驗收廣西農科院 6.2 畝雜交晚稻
4	1975 年 10 月	湖南長沙	討論高速發展雜交稻和進一步加強科研協作的任務，制定《雜交稻命名試行方案》，有 3 個不育系和 6 個恢復系在會上定名
5	1977 年 3 月	湖南長沙	總結交流雜交稻科研和示範推廣的成就、經驗，討論進一步發展雜交稻和科研協作的任務、措施，命名了 9 個不育系和 1 個恢復系
6	1977 年 12 月	江西南昌	討論「關於發展雜交稻的若干問題」
7	1979 年 1 月	湖北咸寧	討論加強理論研究的問題，落實 1979 年科研協作任務，並對進一步發展雜交稻提出建議
8	1980 年 9 月	江蘇南京	研究當前雜交稻的形勢，找出科研工作中存在的問題和薄弱環節，制定 5 年科研協作方案
9	1982 年 5 月	浙江杭州	分析研究雜交稻的生產形勢，制訂 1982—1985 年科研協作計劃，並進一步調整和加強科研協作組織

前面，我們已經認識到了產生雜種優勢的原因，不是別的東西，而是雜種的內在矛盾。只要雜交雙親有差異，就會構成雜種的內在矛盾。在一定範圍內，這種矛盾越大，雜種優勢就越強。於是，就要通過親緣關係或由於地理條件形成的差異來選配恢復系的親本。

1972 年冬，三系選育的重點轉入到恢復系選育，方法以測交篩選為主。全國農業科技人員又再次雲集海南進行南繁試驗，各省（區）利用自己掌握的各種品種資源，進行連續的測交試驗。隨着測交恢復系試驗的繼續深入，「野敗」不育胞質的恢復系表現出以下特點：(1) 隨着不育材料回交世代的提高，雜種一代的恢復率和恢復度逐步趨於一致。(2) 能使「野敗」細胞質恢復的品種，對由「野敗」轉育而成的各種不育系，都具有共同的恢復效應。當然，因不育系的核背景不同，恢復程度有不同表現。(3) 恢復品種與品種的地理分佈有關。原產於熱帶東南亞國家的品種，恢復系的比例較高，原產於溫帶國家的品種，對「野敗」恢復的品種比例很少。(4) 典型粳稻品種測篩了數千個，沒有一個恢復的。這些使人們看出:「野敗」的恢復基因主要分佈在低緯度的熱帶，而且和水稻的進化有關。要想為「野敗」尋找強恢復系，應該在「野敗」的近緣品種中多下功夫。

經過大家的努力，全國雜交水稻研究協作組終於在 1973 年從東南亞的一些品種中測得了具有較強恢復力和較強優勢的恢復系。如廣西協作組首先從國外及引進材料中篩選出 IR24 和泰引 1 號等一批對「野敗」型不育系具有強恢復能力的品種作為恢復系；湖南、江西、廣東也分別報道了 IR24、IR661 和古 154 等恢復系品種。據湖南省農業科學研究院 1974 年底統計的「野敗」三系測交品種名錄，僅測交恢復的品種即達 344 個，保持品種 1033 個，「野敗」秈稻同型不育系 74 個。

1973 年 10 月，在江蘇省蘇州市召開了第二次全國雜交水稻科研協作會議，我代表湖南省水稻雄性不育系研究協作組作《利用「野敗」選育三系的進展》的發言，正式宣佈秈型雜交水稻「三系」配套成功。這次會議標誌着中國水稻雜種優勢利用研究取得了重大突破。

1974 年 3 月，全國雜交稻研究協作組在海南崖縣又召開了現場會，會上各省（區）介紹了自己三系選育的進展，參觀了各單位在海南的試驗基地。廣西壯族自治區雜交稻研究協作組在會上報告了他們的試驗結果，肯定 IR661、泰引 1 號、IR24 等是強恢復系，並證明用這些恢復系配製的雜種一代有明顯的雜種優勢。廣東、湖南、江西等省的雜交稻研究協作組部分成員單位也在會上介紹了自己的三系選育工作，特別是恢復系選育的新進展及經驗。經過充分討論分析，大家再次一致認為，中國水稻三系選育，依靠集體力量，進展是十分快的。這顯示在充分發揮社會主義大協作優勢的基礎上，中國僅用 3 年時間，已成功地實現了雜交水稻的三系配套。

二闖優勢組合關

攻破了三系配套關，就要攻克優勢組合關。

20 世紀 70 年代初，雜交水稻研究進入重要的攻關階段。我們農科院有位老專家，他是很有成就的，培育過很多的品種。他認為自花授粉作物沒有雜種優勢，搞雜交水稻是沒有前途的，是對遺傳學的無知。由於我來自一個中專學校，只是一個中專教師的資歷，那時雜交稻還沒有成功，因此我為了要說服大家，只能用研究成果說話。但當時我們還只是用人工的方法做了一些雜交種，顯示度還不夠。在當時，這位老專家發表的講話，肯定比我的分量重一些。我們也只能加倍努力，儘快拿出更多的成果來判定科學上的是非。

爭論水稻到底有沒有雜種優勢，有那麼一件事：那是 1971 年，在海南開一個會，是民間的一個會。會上請了兩位老先生，其中一位是李競雄，中科院學部委員，是中國搞雜交玉米的權威，他認為水稻是沒有雜種優勢的。他說玉米是異花授粉作物，有雜種優勢；水稻是自花授粉作物，沒有雜種優勢。我說玉米自交系配組，才有很強的雜種優勢，因為在選育自交系的過程中，不良基因被淘汰掉了；水稻是天然的自交系，為什麼就沒有雜種優勢呢？當時會上有好多人站在我這邊，那都是搞雜交水稻的。那個時候我還年輕，血氣方剛，有點初生牛犢不怕虎。我覺得理直氣壯，就和他爭論，結果弄得李先生回答不上來，很生氣地說：「不跟你們談了！」然後拂袖而去。後來我反省自己，不應該對老先生那樣。即使觀點不同，把道理講清就行了，態度上不應該那樣咄咄逼人。沒有尊重他，這是不對的；有理由，也應該謙虛點、禮貌點，不要搞得人家下不了台。

水稻到底有沒有雜種優勢？我們打算用試驗來證明。1972年夏，我們在省農科院的田中做了個試驗，助手羅孝和看到田間雜交稻的優勢很強，長勢喜人，對照種只有大概七八寸[1]高時，它卻有一尺多高了；對照種一株只有四五個分蘗，而它就有七八個分蘗了，優勢非常強，長得非常旺。於是，羅孝和就帶着吹噓的口氣說這是「三超」雜交稻。「三超」就是指產量要超過父本、母本和對照品種。「三超」說吹出去之後，有些人對雜交稻感興趣，有些人就反對。當時「文化大革命」中的湖南農科院還是軍管時期，由一位軍分區的政委在主持工作。軍代表聽說後就去看了，看樣子的確表現不錯。接着，省軍區司令員也到田裏去看，說雜交稻的確有希望。省裏領導也來看了，大家都很關注。但到秋天收穫時，發現結果不盡如人意，結實率不太高，稻穀產量比對照品種略少，但稻草的產量增產了近七成。於是，原來持反對意見的人就說風涼話了：「可惜人不吃草，人要吃草呢，你這個雜交稻就大有前途。」後來，領導們開會，研究到底要不要支持這個雜交稻搞下去，有不同觀點的兩派在那裏爭論。當時，常規育種派佔絕對優勢，我們是「弱勢小群體」。我的助手羅孝和在眾多的質問下啞口無言，把頭低了下去。

1　一寸約等於 3.33 厘米。

身處此境，我感到有些尷尬，但我並不氣餒。因為關鍵的問題是在於爭論水稻有無雜種優勢，這是個大前提，對此我是有底氣的。我冷靜地思考了一下，於是站出來說：「的確，從表面上看，我們這個試驗是失敗了，因為我們的稻穀減了產；但是從本質上講，我們是成功的。為什麼？因為現在爭論的焦點是水稻這個自花授粉作物究竟有沒有雜種優勢，我們現在用試驗證明了，水稻有強大的雜種優勢。至於這個優勢表現在稻穀上，還是稻草上，那是技術問題。這是因為我們經驗不足，配組不當，使優勢表現在稻草上了。我們可以改進技術，選擇優良品種配組，使其優勢發揮在稻穀上，這是完全做得到的。」所以說，首先我是強調這個研究是有前途的。那位認為自花授粉作物沒有雜種優勢，搞雜交水稻沒有前途的老專家也去看過試驗田。在事實面前，他也不得不承認這一點，只是還強調「優勢是表現在稻草上而不是稻穀上」；但他也贊同我們要吸取經驗教訓，可以做到將優勢轉移到稻穀上。軍代表和院領導被說服了，他們說：「是呀！老袁說的有道理，應繼續支持！」這個時候，本來低着頭的羅孝和馬上腰桿就挺了起來，高興了起來，拍着我的肩膀說：「袁老師，還是你高明一籌！」從此，雜交水稻繼續得到經費等各方面的支持。這說明，失敗是成功之母。有好多事情，失敗裏面包含着成功的因素，因為有經驗教訓。搞科學實驗，要善於總結經驗教訓，不要一失敗就灰心喪氣，到此止步。

我們從中摸索出基本的規律：選擇親緣關係較遠、優良農藝性狀互補、親本之一是高產品種的恢復系與不育系雜交，可以選育出營養生長和生殖生長優勢都強的優良組合。

當時，我用「二九南 1 號 A」與恢復系 IR24 配組，育成了「南優 2 號」。我還記得，當時桂東縣用盆栽「南優 2 號」，一蔸的產量居然有 1 斤半！後來在安江農校試種，中稻畝產達 628 公斤；作雙季晚稻種植 20 畝，每畝產 511 公斤。我的同學張本曾從我這裏拿了「南優 2 號」種子去貴州金沙縣種植了 4 畝，畝產量超過了 800 公斤。「南優 2 號」成為中國第一個大面積生產上應用的強優勢組合。1973 年春，我們將在海南島配製的 10 多公斤雜交稻種，分給大家試種。秋天，在湖南省農科院 1.2 畝的試驗田裏，只中耕、追肥了一次的雜交稻，每畝產量達到 505 公斤，雜交稻的優勢初步顯現了。第二年，我們研究小組將試驗擴大，並都取得了顯著效果：在同等條件下，一般每畝增產稻穀 50~100 公斤，比當地優良品種增產 20%左右；常規良種的草穀比為 1：1，雜交稻則為 1：1.14。雜交優勢很大程度發揮到稻穀上來了！

1973 年冬季，湖南、廣西等省（區）水稻雜優協作組在海南用二九南 1 號不育系為母本，以 IR24、IR661 等為父本製種近 10 畝。湖南將在海南配製的種子分別在湖南省農業科學院、賀家山原種場等 4 個地方作中稻種植 20 多畝，以觀察雜種優勢，同時還進行了不同強優組合的比較觀察。廣西還選用二九南 1 號、革命 1 號、二九矮 4 號、廣選 3 號等 4 個高代穩定的不育系和 IR24、IR661、泰引 1 號、黃殼油占等 4 個強恢復系配製了 16 個雜交組合，並進行了區域性試驗，同時還試種二九南 1 號不育系與 IR24 等恢復系配製的雜種一代 20 畝，在大面積生產條件下對雜種優勢進行考驗。

1974 年秋，從湖南到廣西頻頻傳來喜訊，第一批強優組合表現出很大的增產優勢。全國雜交水稻第三次會議的代表在廣西南寧考察驗收了雜交水稻產量，證實雜交稻畝產一般都超過了 500 公斤。廣西農學院配製、種植「南優 2 號」面積 1.27 畝，平均畝產 597.6 公斤。數十個雜交組合測產結果，不少小區畝產超過 650 公斤。

1975 年，在湖南省農科院種植雜交水稻百畝示範片，平均畝產過 500 公斤，高產田塊畝產達 670 公斤。示範成功，影響很大，省裏組織了全省的縣、區、公社的幹部來參觀學習。當時，湖南省農科院發了一份《關於水稻雜種優勢利用的情況簡報》，認為經過多年努力，科研人員已取得了雜交水稻培育和試驗推廣的成功。省革委轉發了這份簡報，並指出這是農業科學上的一項新的技術措施，各地應高度重視，認真對待，加強領導，抓好典型，不斷總結經驗，有計劃、有步驟地推廣。這一年，雜交水稻在廣西、江西、湖南、廣東等 10 多個省（區）種植了 5600 多畝。其中雙季早稻 200 多畝，中稻 1400 畝，雙季晚稻 4000 畝。在較好的栽培水平下，大面積畝產一般都在 500 公斤以上，高的超過 600 公斤。小面積畝產達 750 公斤以上，比當地雙季早稻和中稻的當家品種一般可增產 20%~30%。雙季晚稻增產幅度更大，有的成倍增長。中國農林科學院在長沙召開雜交水稻鑒定會，有 21 個省、市、自治區的專家參加了會議，認為雜交稻具有一般品種所沒有的優良特性，表現為分櫱力強，根系發達，生理機能旺盛，莖稈粗壯，穗大粒多，適應性強；同時許多省、市、自治區也通過大面積生產鑒定證明，雜交稻具有一般品種所沒有的優良特性。這些優良特性決定了雜交水稻具有產量高、省工省種、抗風抗倒等優點。1975 年 10 月，全國 21 個省、市、自治區的協作單位和有關部門，參加了由中國農林科學院和湖南省農業科學院共同主持在長沙召開的第四次全國雜交稻科研協作會，參觀了湖南、江西大面積作雙季晚稻栽培的雜交水稻生產示範現場。會議總結了幾年來科學研究的成果，認為雜交稻大面積生產應用的時機已經成熟。

至此，雜交稻配組闖過了「優勢關」，羅孝和吹牛的「三超」雜交稻變成了現實！全國陸續選配出了「南優」「矮優」「威優」「汕優」等系列的強優勢秈型雜交水稻組合，為雜交水稻迅速走向生產做好了技術儲備。中國成為世界上第一個生產上成功利用水稻雜種優勢的國家！

三闖製種關

要使雜交水稻真正在大面積生產中應用，還存在一個「製種」的難題。因為雜種優勢只表現在第一代上，每年都要製種，生產第一代種子。當時不少人認為，水稻屬於嚴格的自花授粉作物，花粉量比玉米、高粱等作物少，不能滿足授粉的需要；二是穎花張開角度小、柱頭小，且多數品種的柱頭不外露，不易接受花粉；三是每天開花時間短，花粉壽命短。因此，製種產量一定很低。如美國水稻研究中心主任 Rutgar 博士研究指出，水稻不育株的異交率只有 2.4%；國際水稻研究所 1970 年開始研究雜交水稻，1972 年放棄，主要原因就是當時該所的科學家認為很難解決製種問題。因此，一些專家認為，即使是三系配了套，有了強優勢的組合，但製種這一關還是很難過的。

但是我認為，水稻仍然保留了一些有利於異花傳粉的特性，例如水稻花粉小而光滑，開穎授粉，柱頭外露，裂藥時幾乎全部散出，隨風飄揚。這些保留下來的風媒花的特徵和特性又是有利於異花傳粉的一面，是能夠進行雜交製種的前提。因而我推斷，只要我們在技術上對這些方面加以利用，只要發揮主觀能動性，揚其利，棄其弊，雜交製種的產量是可以提高的。

當然開始沒有經驗，第一年我製了 2 畝多田的種，每畝只收穫 17 斤，很少。我的一個助手最低的畝產只有 2 斤。經過多次試驗，開始以為製種低產問題的關鍵在於水稻的花粉量不足，於是在製種試驗中，採取多插父本、母本緊靠父本種植等措施，以增加單位面積花粉量，讓母本接受較多花粉，但試驗得到了否定的結果。後來通過對製種田的詳細調查和計算，發現雖然水稻單株的花粉量確實比玉米、高粱的單株少得多，但就製種田單位面積上的花粉量來說，差異並不大。譬如「南優 2 號」製種田，每天開花的 2~3 小時，平均每平方厘米面積上可散落花粉 450 粒左右，密度相當大，完全可以滿足異花傳粉的需要。

我們修正了認識：影響製種產量的因素不是花粉量不足，而在於要使花粉散佈均勻並落在母本柱頭上，其中以做到父、母本的花期花時相遇為關鍵。於是，再重新設計試驗方案，採取了一系列針對性的措施，終於形成一套比較完整的製種技術體系。按照這一體系，製種技術日益成熟，製種產量像矮子爬樓梯一樣提高了。到 1975 年，我們製種 27 畝，平均畝產 59.5 斤。我們把種子分到湖南省的各個地方去種，表現很好，畝產一般千斤以上，增產非常顯著。

隨之而來的是，湖南省的各級領導，縣委書記、縣長們，紛紛到農科院來要求種雜交稻。你要 200 斤，他要 300 斤，當時的院長就開「空頭支票」，於是就要我去海南製種。當時要求畝產 60 斤，我們沒有把握，院長就打電報來問，要我們三天一個匯報，到底有多少產量。我們第一次回電報，告知一畝產 20 斤。院長拿着電報說，這怎麼得了，完不成任務！第二個電報，說有 25 斤⋯⋯到最後一個電報時，我們說有 60 斤了！完成任務了！

由於 1975 年南方各省（區）對雜交稻進行大面積生產鑒定，均取得顯著的增產效果，農業部於 1976 年 1 月在廣州召開南方 13 省（區）參加的秈型雜交水稻推廣會議，決定在中國南方大面積推廣雜交水稻，並由湖南省向部分省、市提供三系種源。

需要大規模地製種！全國有 6 萬畝製種在海南，其中光湖南省就是 3 萬畝。各路人馬駐紮到海南製種，要我當技術總顧問。我去了就研究怎麼搞，並馬上播種。一般父本與母本之間要有個播差期，父本生長期長些，要早播，母本要遲播，然後讓它們同時抽穗，令花期相遇。當時我只有幾十畝的經驗，這一下有6萬畝，要我擔個大擔子，實在是感到壓力太大了。而且下面是層層加碼的，省裏面要求3萬畝製種，平均每畝60斤；各個地、縣就加碼，有的是70斤，有的是80斤，有的要闖100斤。各處還要我們去給他們做報告，給他們傳授技術。我只有60斤的技術，絞盡腦汁想辦法吧。後來，通過大家的努力，我們還是勝利完成了任務。第一個獲得收穫的是長沙市，製了850畝，平均畝產75斤，長沙市就回去報喜了，還慶了功，發了獎品。結果，最後我們的最終畝產是79斤。說明揚長避短，製種還是可以過關的。我們現在每年有150多萬畝的製種田，平均畝產370斤左右。開始認為製種很難，我們在實踐中迎着困難上，一步一個腳印，摸索出了一套技術，把製種產量一次又一次提高到新的高度。

當年冬天，各省(區)利用海南島這個自然大溫室冬季製種繁殖，使秈型雜交稻1976年的種植面積一下子躍進到207萬畝。

我總結製種研究與試種栽培經驗，整理、撰寫了一篇題為〈雜交水稻製種和高產的關鍵技術〉的論文，1977年發表在《遺傳與育種》雜誌上。

在製種技術方面，值得一提的是，我的助手舒呈祥同志貢獻很大。通過仔細深入的研究，他提出了一套高產製種技術，切實而有效。此外，羅孝和同志也有貢獻，製種要噴「920」，就是他首先提出和試用的。

現在，我們一畝製種在全國大概能夠平均產出 400 斤，就是 1 畝地 200 公斤。我們現在用種量全國平均 1 畝地用 1.1~1.5 公斤，1 畝製種地平均下來可以供 150~200 畝大田用種。這樣就完全能夠滿足生產上的需要了。常規品種 1 畝地的種子田可以供 80~100 畝大田用種。

繼第一次全國雜交水稻科研協作會議在長沙召開以後，先後在蘇州、南寧、長沙等地召開了第二、三、四次全國性協作會議。在全國性大協作攻克三系配套關、優勢關和製種關這三大難關的過程中，全國許多農業科研機構、大專院校的專業力量，分擔了雜交稻的基礎理論研究。他們同育種工作者密切配合，對水稻三系和雜交組合，進行細胞學、遺傳學、生理生態等方面的研究，緊密配合了協作攻關。

而在此之前，國際水稻研究所的專家也搞過同類的研究，但搞了兩年就放棄了。當時，國際上這樣評論中國的雜交水稻：中國雜交水稻是在脫離了西方這個所謂農業科學源頭的情況下，自己創造出來的一項成果。

1 1970 年 6 月在常德召開湖南省第二次農業學大寨科技經驗交流會期間舉辦專題展覽會。圖為與會人員觀看袁隆平科研小組介紹水稻雄性不育試驗項目的內容展板

2 1971 年袁隆平在南紅農場試驗田中

3 「野敗」發現地

1
2 | 3

4　1970 年袁隆平（左 1）與助手在雲南元江農技站田間合影

5　1971 年袁隆平在協作組會議上發言

4

5

6　1976 年袁隆平（左 2）在湖南安江農校喜看雜交晚稻示範成功

7　1974 年海南島鹿回頭南育經驗交流會合影（前排左 6 袁隆平）

杂交水稻制种和高产的……关键技术

袁隆平

8 1977 年袁隆平〈雜交水稻製種和高產的關鍵技術〉一文在《遺傳與育種》雜誌上發表

第五章　大推廣 大增產

不少地區創造了一季畝產
1300~1400 斤，
甚至 1500~1600 斤的高產量，
展示了雜交水稻蘊藏着較大的增產潛力，
也展現了中國水稻
將大幅度增產的誘人前景。

千軍萬馬下海南

過了三關之後，1974 年湖南省試種雜交稻 20 多畝，進行了優勢鑒定，平均每畝產量超過 500 公斤。1975 年湖南協作組在省農科院試種雜交中稻 110 畝，平均畝產超過 600 公斤，充分顯示了雜交水稻的增產優勢。當時湖南省委書記張平化同志十分重視，到省農科院試驗田裏看後非常高興地說：「雜交水稻很有發展前途，要發動群眾，以最大的幹勁、最快的速度，把雜交水稻生產搞上去。」

1975 年，在湖南、廣西、江西、廣東等 10 多個省、市、自治區種植雜交稻 373.3 公頃，在一般較好的條件下，比常規品種增產 20%~30%，有的還成倍增產。

這一年的 10 月，由湖南省農科院牽頭，與中國農科院在長沙共同主持召開的第四次全國雜交水稻科研協作會肯定了雜交稻具有明顯的生長優勢和產量優勢。年末在廣西南寧又召開了一次雜交晚稻現場會，更引起了不小的震動，與會者產生一個共識：「雜交稻優勢強，產量高，真是了不起！」

此後，下一步要做的事是要思考怎樣促進雜交水稻的大發展。時任湖南省農科院副院長、分管科研工作的陳洪新同志提出：湖南作為全國雜交水稻研究協作組的牽頭單位，應該在大發展中繼續帶這個頭。他採納了我提出的「擴大南繁，儘快獲得足夠不育系種子」的建議，及時向省委、省政府領導匯報，爭取了領導的高度重視和大力支持。隨後，1975 年湖南爭分搶秒，4 次擴繁，並形成了千軍萬馬下海南大面積製種的壯觀場面。我和陳洪新同志密切配合，他抓組織，我抓技術，將僅有的 177 公斤不育系種子在一年多時間內連續加番繁育，共收穫了 11 萬公斤，打好了「擴大南繁」第一仗。目的只有一個，就是促進雜交水稻於 1976 年在全國大面積推廣種植。

這段時期，全國 27 個省、市、自治區去海南的每年都有 18000 多人，製種面積多時達 6 萬畝，較大面積製種的雜交組合有南優 2 號和汕優 1、2 號等。

開始在全國大面積推廣

為了爭取 1976 年在全國大面積推廣，1975 年年末，陳洪新帶隊，我們上北京，想向時任國務院副總理的華國鋒匯報雜交水稻在湖南的發展以及向全國推廣的建議。12 月 22 日，華國鋒專門安排分管農業的國務院副總理陳永貴，農業部部長沙風、常務副部長楊立功聽取我們的匯報。在中南海小會議室，華國鋒認真聽取匯報 2 個小時，不時提出問題並做記錄。然後，對雜交水稻研究給予了高度評價，並認為向全國推廣雜交稻碰到了困難，農時不等人，要即刻解決。他還有針對性地強調指出：「對雜交水稻一定要有一個積極的態度，同時又要紮紮實實地推進，要領導重視，培訓骨幹，全面佈局，抓好重點，搞好樣板，總結經驗，以點帶面，迅速推廣。」他當即拍板：第一，中央拿出 150 萬元人民幣和 800 萬斤糧食指標支持雜交水稻推廣，其中 120 萬元給湖南作為調出種子的補償；30 萬元購買 15 部解放牌汽車，裝備一個車隊，運輸「南繁」種子。第二，由農業部主持立即在廣州召開南方 13 省 (區) 雜交水稻生產會議，部署加速推廣雜交水稻。隨後於 1976 年 1 月，全國首屆雜交水稻生產會議在廣州召開，有南方 13 省、市、自治區的農業廳廳長、農科院院長和少數雜交水稻科研骨幹參加，會議商定和落實了全國大推廣的第一年繁殖、製種、示範栽培的生產計劃。

雜交水稻，從此以世界良種推廣史上前所未有的發展態勢在中國大地上迅速推開。1975 年南方省份（區）種植面積是 5550 多畝，1976 年則一下子躍升到 208 萬畝，繼而於 1977 年迅猛擴大到 3150 萬畝，到 1991 年已達到 26400 萬畝。截至 2006 年，雜交稻在中國已累計推廣 56 億畝，共增產稻穀 5200 多億公斤。

湖南水稻大增產

湖南在全國不僅研究成果領先，在推廣雜交稻的面積、速度、規模、效果等方面也跑在全國的前頭，充當了全國的「領頭雁」。1976 年年底，湖南省到海南冬季製種達到 6 萬畝左右，用掉不育系種子約 6 萬公斤，佔全國的一半多。其中 1976 年廣泛試種大約達到 130 多萬畝，包括作一季中稻種植的 13.3 萬多畝，作雙季晚稻種植的 120 多萬畝。在不同海拔、不同土壤、不同生產水平的地方均有種植，佔全國的 60%。在湖南種植面積較大的有衡陽地區、韶山區、桂東縣以及慈利縣等。衡陽地區是丘陵區，把試驗雜交水稻當做發展糧食生產的重要途徑，在 1975 年試種 30 多畝的基礎上，1976 年一下子躍升到 50 多萬畝。

最為典型的是桂東縣，它地處井岡山南麓，是湘南山區，稻田分佈在海拔 200 米到 1200 米的山坡上，很適合雜交水稻的種植。還在研究三系配套的時候，我就選擇在桂東做研究試驗；三系配套成功後，我又把桂東作為全國試種雜交水稻的試點縣之一。桂東過去糧食生產發展緩慢，縣委高度認識到雜交水稻不是一項單純的技術工作，而是農業生產上一場深刻的技術革命，於是狠抓思想發動工作，組織幹部到現場參觀、驗收，通過辦學習班、學校上課、巡迴報告和放幻燈片等多種形式進行技術培訓，並採取文藝演出、廣播等多種渠道向廣大群眾加強宣傳，把各方面的力量都動員起來，全黨全民大搞雜交水稻科學試驗，真的稱得上是一場群眾運動。當時的縣委書記雷純章為了促進縣領導在推廣雜交水稻中起帶頭的作用，號召基層幹部先做示範，在自家院子和房頂都放上大水缸，種上了雜交稻，極大地激發了全縣種植雜交稻的熱情。全縣做到幹部有樣板田，民兵有戰備田，婦女有三八田，青年有跟班田，老農有傳經田，學生有學農田，農科組織有示範田，各行各業有支農田，名堂多得很！普及的程度、推廣的規模、群眾的熱情，前所未有。當時有歌謠唱道：「大水山峰高又高，層層梯田持山腰，種子撒在雲霧裏，銀河兩岸種雜交。」1975 年全縣僅試種雜交水稻 98.88 畝，畝產達到 591.5 公斤；1976 年全縣便迅速推開，13 萬畝稻田中試種雜交水稻 7.5 萬畝，其中 4 萬多畝中稻，平均畝產 350 多公斤，每畝比 1975 年增產 65 公斤。尤其是縣農科所郭名奇種的 2 畝多的「南優 2 號」，畝產超過了 800 公斤。雜交水稻豐收的事實，極大地鼓舞了幹部和群眾加速發展農業生產的信心和決心。這個在一年時間內就把雜交水稻推廣到佔全縣稻田總面積將近 60% 的典型，在全省、全國，乃至全世界都是沒有先例的。當時，全縣人民面對大面積雜交稻一派豐收的景象，抑制不住喜悅的心情，奔走相告，慶祝成功。桂東成為全省、全國第一個實現水稻雜交化的縣，為全省、全國樹立了成功的大樣板。這一年，全省、全國的雜交水稻生產現場會確定在桂東召開，桂東迎來 13 個省、市、自治區組織的代表團來參觀，僅湖南省就有 90% 以上的縣、市、區組團來參觀。

在當時湖南的生產條件下，雜交水稻不論是種在山區、丘陵區、平原區；不論作中稻種還是作雙季晚稻種；不論集中成片大面積種，還是分散試種；有的還在生產條件差、原來單產水平較低的地方種，普遍比常規稻種有明顯的增產效果。與當家品種相比，雜交水稻一般每畝可增產 50 多公斤到 100 多公斤。不少地區創造了一季畝產 650~700 公斤，甚至 750~800 公斤的高產量，展示了雜交水稻蘊藏着較大的增產潛力，也展現了中國水稻將大幅度增產的誘人前景。

1976—1988 年湖南省雜交稻比常規稻增產統計表

單位：公斤 / 畝
總產：億公斤

項目 數量	雜交稻平均畝增	其中			年內總計增產	其中		
		雜交早稻	雜交中稻	雜交晚稻		雜交早稻	雜交中稻	雜交晚稻
1976	113	142.5	65	118.5	1.43	0.0002	0.09	1.34
1979	69	64	41.5	74.5	10.51	0.06	1.03	9.42
1980	87.5	76	78	89.5	12.37	0.13	1.89	10.35
1981	95.5	61.5	113	92	15.16	0.06	3.08	12.02
1985	82.5	48	145.5	68.5	16.8	0.33	5.7	0.77
1986	98.5	65.6	151.5	87.5	24.44	0.65	6.85	16.94
1988	134.9	89.5	191.5	127	46.28	3.51	11.33	31.44

發表〈雜交水稻培育的實踐和理論〉

雜交水稻的成功，為發展遺傳育種學的實踐和理論提供了新的內容。我總結了三個方面的體會：一是豐富了雄性不育和三系關係的遺傳理論；二是否定了稻、麥等自花授粉作物沒有雜交優勢的舊理論；三是給某些其他自花授粉作物的製種技術提供了良好的借鑒。我根據這些初步體會和看法寫了一篇論文，題為〈雜交水稻培育的實踐和理論〉，1977 年發表在《中國農業科學》上。文中除解釋了水稻雜種優勢利用的科學原理之外，還澄清了一些錯誤的觀點，這在當時是非常必要的。

比如，人們已認識到了要利用水稻雜種優勢，必須做到水稻三系配套。但為什麼會產生不育呢？為什麼不育性會得到保持呢？為什麼又會恢復呢？三系之間的關係，實質上是一個對立統一的關係。中國第一個不育系是通過遠緣雜交獲得的，即以野生稻做母本，用栽培稻做父本，進行雜交和多次回交，把栽培品種的細胞核替換到野生稻的細胞質中，從而獲得了一個由野生稻細胞質和栽培稻細胞核組成的新類型的栽培品種。由於栽培品種和野生稻的親緣關係相當遠，核質不協調，就引起了雄性因素發育不正常，所以說，雄性不育是核質矛盾的產物。生物的受精過程，父本只有精核進入卵細胞，一般不帶細胞質，只有母本的細胞質才傳遞給後代。因此，保持系給不育系授粉後，所產生的後代仍然是一個野生稻的細胞質和栽培種的細胞核組成的矛盾統一體。這就是為什麼保持系能把不育系的不育性一代一代地保持下去的道理。按照對立統一規律，要使不育系的後代育性恢復正常，就必須克服或緩和這種核質之間的矛盾。從水稻的起源和進化看，中國珠江流域的晚熟品種以及東南亞一帶的品種，與野生稻的親緣關係比較接近，也就是說，它們之間的核質矛盾較小，比較親和。因此，在這類品種中存在着較多的恢復系，因為它們的花粉給不育系授精後，加進了比較親和的核成分，能克服或緩和原來的質核矛盾，因而後代的育性就能不同程度地得到恢復。

根據我們的體會，水稻有無優勢和優勢大小，關鍵在於選配親本。第一，兩個雜交親本要在遺傳性上有差異，即它們的親緣關係要遠，或地理上的分佈來源要遠，或生態類型要有所不同，這樣的親本才能造成較強的生活力；第二，性狀上要有差異，彼此有相互取長補短的作用，如「多穗型 × 大穗型」；第三，親本之一應是高產品種，因為雜種是在親本的基礎上發揮優勢的，即所謂水漲船高。常規品種是雜交水稻的基礎，常規品種的產量水平越高，則雜交水稻的產量水平也就越高。新育成和引進的常規品種產量如超過了現有的雜交水稻，這是件好事，説明常規品種有新的發展，我們可以把這些新的品種轉成為恢復系或不育系，這樣，雜交水稻的產量又能在新的水平上更上一層樓。

總之，雜種優勢是生物界的普遍規律，水稻也不例外。對於現有雜交水稻優勢不夠理想，以及存在這樣或那樣缺點的問題，不能否認利用水稻雜種優勢方向的正確性，這項工作僅僅才開始，還有廣闊的發展前途，還蘊藏着巨大的增產活力。

當時的這些認識，現在看來，都仍然有重要意義。

獲 1981 年國家技術發明特等獎

根據國務院頒佈的《中華人民共和國發明獎勵條例》，1981 年 5 月 5 日，國家科委發明獎評選委員會專家對秈型雜交水稻這項重大發明進行了認真的評審。委員們一致認為：這項發明的學術價值、技術難度、經濟效益和國際影響等四個方面都很突出，應該給獎。報請國務院批准後，決定對全國秈型雜交水稻科研協作組袁隆平等人授予特等發明獎，發給獎狀、獎章和獎金 10 萬元。

授獎儀式定在北京舉行。當時我不知此事，正在菲律賓國際水稻研究所搞合作研究，一份加急電報傳來要我第二天趕到北京，我心裏一驚，不知出了什麼事？是福是禍？急急忙忙趕回來，原來是特大好事！

頒獎大會安排在 1981 年 6 月 6 日。那天，黨和國家領導人王震、方毅、萬里出席了，在正式頒獎之前，他們先會見了獲獎者。頒獎時由我上台領獎，由方毅副總理親自將獎狀、獎章和獎金頒給我。獎金有 10 萬元，在那時候是很多的了！方毅副總理還發表了講話，他稱讚說：美國、日本、印度、意大利、蘇聯等十幾個國家的科學家，開展雜交水稻的研究已有十幾年的歷史，但都還處在試驗階段，而我們是走在前面了。秈型雜交水稻的研究成功，為中國爭得了榮譽。他還說，這是共和國成立以來第一次授予特等發明獎的大會。中國第一項特等發明獎授予農業方面的發明，說明中國農業科學技術有雄厚的基礎，做出了卓越的貢獻；也說明農業科學研究大有可為。他殷切希望農學家們今後取得更大的成績，為生產服務，為祖國爭光。

這個授獎大會由當時已出任國家農委副主任的張平化主持，由國家科委副主任武衡在會上宣讀了國務院給全國秈型雜交水稻科研協作組的賀電。

我在會上發言表示要謙虛謹慎，戒驕戒躁，把榮譽當做動力，去攀登新的高峰。雜交水稻雖然已成功地應用於生產，但它還有缺點，還有很大潛力，需要繼續努力去改進和完善。特別是在選育強優勢的早稻、多抗性的晚稻，發掘更好的不育細胞質資源，提高製種產量和基礎理論研究方面要下更多的功夫，爭取早出成果，發揮更大的增產作用。

農業部部長林乎加，中國科協主席周培源，副主席金善寶、錢學森，國家農委副主任杜潤生、何康等也參加了授獎大會。今天回想起來，大會的盛況還歷歷在目。

國務院的賀電（1981 年 6 月 6 日）

全國秈型雜交水稻科研協作組：

秈型雜交水稻是一項重大發明，它豐富了水稻育種的理論和實踐，育成了優良品種。在有關部門和省、市、自治區的領導下，大力協作，密切配合，業已大面積推廣，促進了我國水稻大幅度增產。為此，特向你們並通過你們向參加發明、推廣這項成果和參與組織領導工作的科技人員、農民、幹部致以熱烈的祝賀。秈型雜交水稻的育成和推廣，有力地表明科學技術成果一旦運用於生產建設，能夠產生多麼大的經濟效益。發展農業生產，一靠政策，二靠科學。殷切期望廣大農業科技工作者再接再厲，繼續奮進，為發展我國農業生產做出更大的貢獻。

1　1975 年海南製種的熱鬧場面

2　1976 年袁隆平（前）在桂東出席全省、全國的雜交水稻生產現場會

3　1981 年 6 月 6 日方毅副總理向袁隆平（左）頒獎

中国农业科学

1

1977

ZHONGGUO NONGYE KEXUE

杂交水稻培育的实践和理论

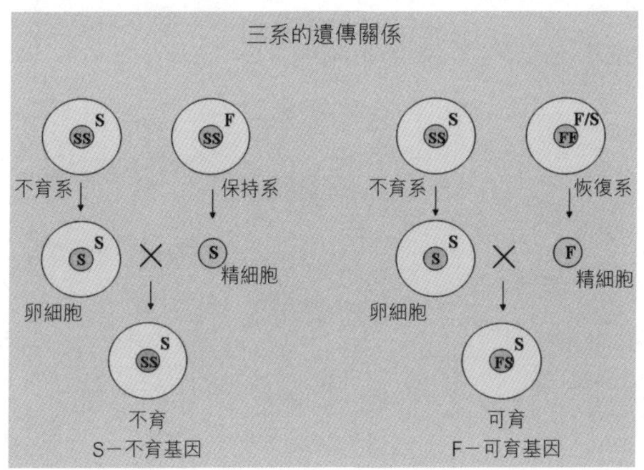

4　1977 年袁隆平在《中國農業科學》上發表〈雜交水稻培育的實踐和理論〉

5　袁隆平的三系遺傳關係示意圖

4 / 5

第六章　兩系法雜種優勢利用

某些專家有一個錯誤認識，
認為產量與品質是一對矛盾，
這是很片面的。
高產與優質是可以統一起來的，
我們現在研究的超級雜交稻，
不僅產量高，且品質優。

成立湖南雜交水稻研究中心

1971 年 6 月，湖南省農科院成立水稻雄性不育科研協作組，並把我抽調到該組擔任業務負責人。雜交水稻三系配套後，黨和政府更加重視，加強了組織領導，投入了大量的人力、物力和財力，推動了雜交水稻高速發展。為了給雜交水稻研究搭建更理想的工作平台，1983 年年初，湖南省科委提出成立「湖南雜交水稻研究中心」的建議。建議的發起者，就是省科委當時的計劃處處長藍臨。她認為，雜交水稻科研項目是一條增產糧食、造福老百姓溫飽、確保國家糧食安全的科學途徑。為此，她積極倡議由湖南省農科院牽頭，組建雜交水稻的專門研究機構。這個建議，得到了省科委的同意，也很快得到國家科委、國家計委的高度重視和支持。省科委隨即成立了籌建班子，迅速展開了選址、設計、調配人員、購置設備等工作。

1983 年 4 月初，藍臨處長帶隊赴北京，向國家計委遞呈了申請撥款報告，副司長嚴谷良熱情接待了他們。隨後國家計委非常重視，批准給予 500 萬元支持。在當時國家財力十分有限的情況下，竟然一下子撥款 500 萬，那實在是一個天文數字！說明黨和政府對雜交水稻事業給予了極大重視，寄予了殷切厚望。此後不到一年，在長沙市東郊馬坡嶺數十公頃的用地上，辦公樓、實驗樓、宿舍等接連拔地而起，「湖南雜交水稻研究中心」建成了。這裏樹木青翠，環境幽雅，粗具規模，規劃有序。

組織上決定，由我出任湖南雜交水稻研究中心主任。我當時正在海南進行南繁工作，接到消息時，我十分驚喜和詫異。因為我過去作為一名黨外人士，長期以來只是負責具體技術工作，從未挑過這麼重的擔子。當然，我很清楚，這表明了組織上對我的信任，同時我也感到肩負着一份重大的責任。因此，我接受了這項任命。1984 年 6 月 15 日，湖南雜交水稻研究中心舉行成立大會，時任湖南省省長的劉正，主持了這次大會。

當時，我們中心在長沙本部有試驗田約 180 畝，另還在海南省三亞市設有南繁基地，有試驗用地 60 畝；隨着事業的發展，中心陸續建起了溫室、種子倉庫和人工氣候室等科研必備配套設施，並配備了各種大、中型科研儀器 200 多台(件)，按照最初建成國內外第一家雜交水稻專業科研機構的定位，中心迅速發展並具備一定規模。事實上，中心已成為國內乃至國際上雜交水稻的主要研發機構。這與黨和國家的重視與支持是分不開的。我們清楚地記得，在發展過程中始終有機遇與挑戰並存。1994 年 12 月 16 日這一天，對中心來說是迎來一個新飛躍的契機 —— 國務院總理李鵬同志親臨湖南雜交水稻研究中心視察指導工作。為促進雜交水稻事業的更快發展，我向李鵬總理呈送了要求依託湖南雜交水稻研究中心的基礎組建「國家雜交水稻工程技術研究中心」的報告，他當即批示同意支持1000萬元的經費，將中心進一步建成雜交水稻科研成果的主要產地和輻射源。新組建的中心，使原來的基礎得到更大的提升。從此以後，中心掛起了兩塊牌子，更上一層樓，名聲更響了。

雜交水稻的研究早在20世紀70年代以來就得益於海南三亞的優越條件。海南的自然氣候條件的確得天獨厚，對搞農業科研的人來說，是一座天然的大溫室，有利於作物的加速世代繁殖，也可以說它是育種工作者的「伊甸園」。當湖南省秋收過後、冬季來臨而不能種植水稻時，我們就把試驗陣地轉移到仍然能種植水稻的海南三亞或陵水縣等地；而當海南的試驗結束，水稻收穫後，又馬上將種子帶回內地，進行下一輪試驗。海南三亞的優勢就在於可以以空間換時間，縮短作物育種的周期。

我們最初就是利用這一優勢，於1968年秋在陵水縣農科所搞試驗，1970年秋轉到三亞的南紅農場。當時只能租用農場的試驗田和辦公住房，工作和生活條件都很簡陋。後又搬到荔枝溝火車站工段駐地。一直到1982年，湖南省農業廳撥款2萬元，在三亞警備區師部農場建了一座平頂磚房，扯電線裝了電燈，在那裏才算有了一個相對固定的「家」。再後來，繼續向師部農場租地建設，才慢慢形成了南繁基地的雛形。經過20多年的發展，基地的條件大大改觀，有了巨大的變化：不但改造和修建了宿舍樓和食堂，又新修了辦公樓和實驗樓，很有氣派；試驗田擴大了，各種科研和生活條件、設施更齊備，功能更齊全，已經成為比較完善、小有規模、國內外具有重要影響的雜交水稻南繁育種科研基地。如果你是初次去三亞，需要查看地圖的話，你都可以看到「湖南雜交水稻研究中心海南基地」已顯眼地標註在三亞地圖上。但近幾年三亞城市建設發展太快了，我們現有基地又成問題了，越來越不適宜科研。我們需要重新建設新基地，現海南省三亞市有意向幫我們在海棠灣建，但這個需要國家和各有關方面的大力支持。

海南南繁基地要承擔我們科研工作中非常重要的部分，自 1968 年我們在那裏開闢了水稻研究基地，在 40 多年的時間裏，我們就像候鳥一樣往返於三亞和長沙之間，從未間斷過。其實國家是十分重視海南南繁基地建設的，因為良種培育的核心問題事關種子安全的大事，最終是關係糧食安全的大事。

專業期刊《雜交水稻》是迄今雜交水稻領域內唯一對國內外公開發行的專業技術刊物。這個刊物當時由剛成立不久的湖南雜交水稻研究中心創刊（1986），我擔任主編。一直以來，在促進成果向現實生產力的轉化、推動雜交水稻不斷向前發展以及確保中國雜交水稻的國際領先地位等方面發揮了重要作用，在國外已發行到美國、印度、越南等 10 多個國家和地區，具有很大的影響力。《雜交水稻》雜誌曾被評為湖南省一級期刊、優秀科技期刊、首屆「十佳」科技期刊，獲第二屆全國優秀科技期刊評比三等獎，被遴選為全國中文核心期刊。刊載的論文多次被 SCI, AGRINDEX 等國際著名數據庫收錄。

雜交水稻發展戰略

20 世紀七八十年代，中國雜交水稻的研究和利用雖然成績巨大，但從育種上分析，那時的雜交水稻只是處於發展初級階段，還蘊藏着巨大的增產潛力，具有廣闊的發展前景。根據國內外對水稻雜交優勢利用研究的新進展、新動向和發展趨勢，以及 80 年代以來水稻光、溫敏核雄性不育基因與廣親和基因等新材料的發現，再加上現代生物技術的不斷進步，我個人認為，要想在產量或優勢利用等方面取得新突破，育種上必須採用新材料和新方法，衝出三系法品種間雜交的框框。雜交水稻的育種，無論在育種方法上還是雜種優勢水平上，都具有三個戰略發展階段，而每進入一個新階段都是一次新突破，從而會把水稻的產量推向一個更高的水平。

因此，1986 年我提出了雜交水稻的育種戰略。從育種方法上說，由三系法向兩系法，再經兩系法過渡到一系法，也就是在程序上朝着由繁到簡但效率越來越高的方向發展。從提高雜種優勢水平上說，是由品種間雜種優勢利用到亞種間雜種優勢利用，再到水稻與其他物種之間遠緣雜種優勢利用，也就是朝着雜種優勢越來越強的方向發展。簡略地說，可劃分為：(1) 三系法為主的品種間雜種優勢利用；(2) 兩系法為主的亞種間（秈粳、秈爪、粳爪）雜種優勢利用；(3) 一系法為主的遠緣雜種優勢利用。

整理總結上述的思考與推斷，我發表了〈雜交水稻的育種戰略設想〉。這篇文章後被業界視為雜交水稻發展的綱領性文獻，國內外同行均較為認同，並被廣泛採用作為雜交水稻育種發展的指導思想。

現在看來，20 多年前提出的雜交水稻的研究戰略，至今我初衷未改。

此後，國家「863」計劃將兩系雜交稻的研究列為專題項目，經過 9 年的攻關，兩系法雜交稻於 1995 年獲得了成功。現在，人們很關心一系法遠緣雜種優勢利用的問題。目前，這方面的研究進展緩慢。近幾年，我們在利用遠緣有利基因方面已取得了一些進展。但關於一系法固定雜種優勢的途徑，我認為以培育水稻無融合生殖系最有前途。從生物技術的發展來看，利用無融合生殖材料固定水稻雜種優勢，實現一系法雜種優勢利用的戰略設想並非沒有可能。

首屆雜交水稻國際學術討論會

1986 年 10 月，由國際水稻研究所、湖南省科協和湖南雜交水稻研究中心聯合舉辦的世界首屆雜交水稻國際學術討論會在長沙召開。與會人員中，有來自國內 24 個省、市、自治區的專家學者，以及來自日本、美國、菲律賓、比利時、巴西、埃及、印度、印尼、伊朗、英國、意大利、墨西哥、斯里蘭卡、泰國、馬來西亞、孟加拉國、荷蘭、加納等 20 多個國家的代表共約 260 名，真是盛況空前。

這次大會召開是雜交水稻正以強大的優勢和蓬勃的生機在

中華大地迅速推廣，並逐步走向世界的時候，大會圍繞水稻的雜種優勢、雄性不育和可育、育種程序、抗病蟲害、米質、栽培、生理生化、遺傳、製種、雜交稻的經濟效益等專題，進行了廣泛的交流和深入的討論，學術氣氛十分濃厚。我認為這是雜交水稻面向世界，促進人類和平幸福事業的一次學術經驗交流大會。

會上，國際水稻研究所所長、印度前農業部部長斯瓦米納森 (M.S.Swaminathan) 博士[1]等 15 位中外知名專家做了學術報告。我做的報告題為「雜交水稻研究與發展現狀」，第一次公開提出今後雜交水稻育種分三個階段的發展戰略設想，同時指出：要想達到這些戰略目標，必須將新的育種材料與新的育種方法相結合，才會出現新的突破。這個報告引起了代表們的關注，也得到了與會專家的贊同。他們一致同意將這一設想作為會議的主題寫進會議文件。當時，雜交水稻在中國已累計種植 9.1 億畝，增產糧食達 450 多億公斤，已取得了顯著的經濟效益和社會效益，且在育種、基理、繁殖等方面的研究中不斷取得新進展，國外專家對此給予了很高的評價。國際水稻研究所所長斯瓦米納森在開幕式上說，發展中國家的耕地越來越少，人口卻越來越多，唯一的辦法是提高單位面積產量。中國在雜交水稻方面的成功，為解決這個問題做

1　斯瓦米納森 (M.S.Swaminathan)，著名水稻專家，國際水稻研究所前所長，印度前農業部部長，諾貝爾和平獎帕格沃什論壇前主席。曾擔任聯合國教科文組織生態科技主席，創立了斯瓦米納森研究基金會，被譽為「印度綠色革命之父」，獲得過「世界糧食獎」、聯合國教科文組織甘地金獎等數十項國內國際獎項。

出了榜樣。他還在記者招待會上說：「長沙在世界上的知名度很高，一個很重要的原因是湖南農業科學院、湖南雜交水稻研究中心在這裏。水稻是自花授粉作物，以前沒有人認為它會有雜交優勢，是中國把這項研究抓了起來，為解決世界糧食問題做出了貢獻。國際上認為，水稻高稈變矮稈是第一次綠色革命；雜交水稻是第二次綠色革命。中國雜交水稻的成功，還在於把科研和生產聯繫在一起。」他還風趣地對我說，「野敗」的發現是雜交水稻研究的重要轉折，製種研究為大面積生產打開了道路。我們這次是來認真學習的。他一併對我多次去國際水稻研究所指導工作表示感謝。

會議期間，國際水稻研究所向湖南雜交水稻研究中心贈送了紀念匾。匾用中、英兩種文字鐫刻。

斯瓦米納森博士贈匾時說：「我相信，湖南雜交水稻研究中心不僅僅是湖南和中國的研究中心，同時還是全世界的雜交水稻研究中心。國際水稻所十分珍惜與該中心的合作，並期望將來加強這種合作。」因準備拜會菲律賓總統科・阿基諾，他必須提前趕回去，但臨別之前，他還說道:「儘管離開了此地，但我卻把心留在了長沙。」

時任湖南省省長的熊清泉設宴招待了中外專家。在宴會上，聯合國糧農組織駐中國官員、國際水稻研究所高級科學家費馬尼（S.S.Virmani）博士[1]在宴會上發表了熱情洋溢的講話，真誠感謝湖南省與長沙市政府和人民對這次大會的支持。

1　費馬尼（S.S.Virmani），國際水稻研究所育種系前首席科學家。

他説：「中國有句古話，『上有天堂，下有蘇杭』，但對水稻科研工作者來説，應是『上有天堂，下有長沙』。因為，雜交水稻研究中心就在長沙，這裏是各國雜交水稻科研工作者的『麥加』聖地。」

國際水稻研究所的著名專家庫西（Gurdev S.Khush）博士[1]也十分讚賞地説：「我來過這裏幾次，你們的科研進展真大，內容豐富多了。」眾多國外代表對中國取得的研究成就表示出很感興趣，他們認為學到了很多的經驗和知識，受到了很大的啟發。

國際水稻研究所贈湖南雜交水稻研究中心紀念匾全文

湖南雜交水稻研究中心：

國際水稻研究所榮幸地祝賀第一次國際雜交水稻學術會議在湖南雜交水稻研究中心召開。在富有歷史意義的地方召開這一學術會議分外合適。這裏，通過袁隆平教授和其他中國科學家卓越的研究以及有關人員獻身的勞動，使雜交水稻應用於生產成為現實。我們祈望，湖南雜交水稻研究中心成功地發展成為雜交水稻研究和培訓的國際著名中心。

國際水稻研究所所長姆・斯・斯瓦米納森
1986年10月8日賀

1 庫西（Gurdev S.Khush），植物遺傳學家，印度籍。國際水稻研究所（菲律賓）首席育種家，遺傳育種和生物化學系主任。印度國家科學院院士，第三世界科學院院士，美國科學院外籍院士，英國皇家學會外籍會員，中國科學院外籍院士（2002）。曾榮獲 Wolf 農業獎、世界糧食獎等多項國際學術獎勵。長期與中國水稻科學家合作，曾榮獲 2000 年中國政府友誼獎和 2001 年中國政府國際科學技術合作獎等。

中國獨創的「兩系法」

1973 年 10 月上旬，湖北省沔陽縣（今仙桃市）農業技術員石明松試圖在栽種的晚粳稻大田群體中尋找雄性不育株。在栽植的一季晚粳品種農墾 58 的大田中，他發現了 3 株典型的雄性不育突變株。這種突變株在夏天的時候是雄性不育的，它的花粉是敗育的；但是到了秋天卻是正常的，育性恢復，是一種光敏不育類型水稻。他通過 6 年的系統試驗研究，得出從農墾 58 中選育的這種晚粳自然不育株，具有長光照下不育和短光照下可育的育性轉換特性，並在 1981 年第 7 期的《湖北農業科學》上發表了〈晚粳自然兩用系選育及應用初報〉論文，指出這種育性可轉換水稻在不育期用做母本進行雜交製種，而在可育期中又可通過自交繁殖不育系種子，因一系兩用，故命名為「兩用系」，即農墾 58S。

這種新的水稻不育資源為兩系法利用水稻雜種優勢提供了可能，給雜交水稻開闢了新的育種與利用途徑，對遺傳育種理論也提出了新的研究課開題，從而受到國內外關注。

從 1983 年開始，湖北省成立了由武漢大學、華中農業大學、湖北農科院、湖北仙桃市光敏核不育研究中心等單位參加的協作組。經過協作組通力研究，明確了石明松發現的不育材料的育性是受日照長度所控制，可能是受一對隱性核不育主基因控制，與細胞質無關。這種不育材料配組自由，恢復面廣，可一系兩用。1985 年 10 月在湖北沔陽召開的鑒定會上，把該不育材料定名為「湖北光周期敏感核不育水稻」

（Hubei Photoperiod-sensitive Genic Male-sterile Rice，簡寫為HPGMR）。

湖北光周期敏感核不育水稻的發現和研究，引起了政府部門的重視，先後被國家自然科學基金委員會列為重點項目和重大項目予以支持，國家科技攻關計劃和「863」高科技發展計劃也相繼資助了這一重大研究項目。1987 年，兩系法研究被列為國家「863」計劃項目，我擔任「863」計劃 1-01-101 專題責任專家，主持全國 16 個單位協作攻關。協作組組織專家進行了原始不育系農墾 58S 育性轉換的光、溫條件，育性的遺傳行為，花粉敗育的生理生化特性，光敏核不育性的轉育效果，光敏核不育性的地區適應性等研究，並培育出一批不同類型的秈、粳型不育系。如 1988 年 8 月首批由農墾 58S 轉育成的、通過國家鑒定的核不育系有 :W6154S（秈）、N5047S（粳）、31111S（粳）和 WD-IS（粳）等 4 個。

在研究的初期，不少研究單位所得到的認識是：光敏核不育水稻的育性受日照長短控制，育性轉換與溫度無關。經廣大科技工作者廣泛而深入的研究，確定這種新類型核不育受隱性核基因控制，與細胞質無關。這種類型的不育性雖然仍屬於細胞核雄性不育的範疇，但它又不同於一般的核不育類型，因為其育性的表達主要受光、溫所調控，即在一定的發育時期，具有在高溫、長日照條件下，表現雄性不育；在平溫、短日照條件下，又恢復到正常可育的育性轉換特徵。它是一種典型的生態遺傳類型。由於既受核不育基因控制，又受光、溫調控，故稱為光溫敏核不育。在這期間，更多的光溫敏核不育材料被發現，其中秈型的有湖南省安江農業學校鄧華鳳（1988）發現的安農 S-1、湖南省衡陽市農業科學研究所周庭波（1988）發現的衡農 S-1 和福建農學院楊仁崔（1989）發現的 5460S 等。利用這種類型的不育性來培育雜交水稻，在夏天日照長、溫度也較高的時候，我們可以用恢復系來給它授粉，生產雜交稻種子；在秋天或者春天溫度比較低、日照比較短的時候，它就可以恢復正常，可以自己繁殖下去，還是不育系，但免除了保持系，因此稱做「兩系法」。

所謂兩系法雜交稻，就是建立在這種特殊的雄性不育水稻基礎上的育種技術，即光溫敏雄性不育系。與三系法相比，其優越性是在夏季長日照下可用於製種，而在春、秋季可進行自身繁殖，即一系兩用，省掉了保持系。打個通俗的比方，就是雜交水稻育種成了「一夫一妻制」。

但是，兩系法雜交水稻技術不像原來認為的那麼簡單，特別是 1989 年盛夏低溫，對兩系不育系育性影響很大，許多原來鑒定了不育的材料又變成了可育，出現了「打擺子」現象，致使兩系法研究遭到嚴重挫折。許多人因此為兩系法研究的前途擔憂，不少研究人員喪失了信心，甚至於出現全盤否定兩系雜交水稻研究的傾向。在此嚴峻關頭，如何選育實用的水稻光溫敏核不育系，就成為成敗的關鍵。面對重重困難和巨大壓力，我和協作組的重要成員都沒有動搖，更沒有放棄。

經過冷靜的分析，我認為問題的癥結在於：選育實用的水稻光溫敏核不育系，首先要考慮育性對溫度的反應，關鍵要揭示水稻光溫敏不育性轉換與光、溫關係的基本規律。1991 年

9—10 月高溫期，我又觀察到「863」協作組培育的粳型光敏核不育系 7001S 出現從自交結實又轉為不結實的現象。根據仔細分析與考核的結果，我更加認定選育實用的兩用不育系，首先要考慮的是育性對溫度高低的反應，而不僅是光照的長短。我發現最關鍵的指標是導致雄性不育的起點溫度要低，據此，我調整了選育不育系的技術策略。

按新的設計思想，湖南雜交水稻研究中心以羅孝和研究員為主首先培育出了符合要求的低溫敏不育系「培矮 64S」，隨後配製出「兩優培特」組合，成為全國第一個通過省級鑒定的兩用不育系和兩系先鋒組合。遵循這一技術策略，全國有多個研究機構陸續育成一批實用的光、溫敏核不育系和兩系雜交組合。

後來不育系在繁殖過程中仍有臨界低溫「漂移」的問題出現，即臨界溫度會隨繁殖世代的增加而逐代上升。不解決這個隱患，兩系法雜交稻製種就存在着很大的風險。為了使不育系的育性臨界低溫相對穩定，我仔細設計了一套科學的「核心種子—原原種—原種—製種」的原種生產技術程序，即每年用 23.5 攝氏度的臨界溫度，在人工氣候室篩選不育系核心種子，以生產原原種；原原種在嚴格隔離條件下繁殖原種；再用原種製種。如此周而復始，可保證不育起點溫度相對穩定，從而就能避免上述的「打擺子」現象，使水稻製種有了更可靠的技術保障。因為能夠嚴格控制原種育性轉換的臨界溫度，用這套技術方案指導製種，自然因素所帶來的風險就基本上化解了。如在湖南地區製種，始穗期放在 8 月中旬，這一時段連續 3 天低於臨界溫度的低溫氣候 80 年才有一遇，風險只有 1% 左右。

在如何選育亞種間強優勢組合方面，我有針對地提出了「八條原則」[1]。後來在選育超級雜交稻的過程中，以此為指導，科研人員選配出了「兩優培九」超級雜交稻先鋒組合等強優勢組合應用於生產。

協作組成員經過 9 年的努力，兩系法雜交水稻研究於 1995 年獲得成功。三系法是「經典的方法」，兩系法則是我們中國的獨創。兩系法的優越性一個是簡單，不要保持系了，育種程序簡化了；另外一個就是選到優良組合的概率大大提高了。因此，兩系法具有廣闊的應用前景。近幾年，我們全國的雜交水稻年種植面積大概是 2.4 億 ~2.5 億畝，兩系法大概有 5000 萬 ~6000 萬畝。兩系雜交稻一般比同熟期的三系雜交稻增產 5%~10%，且米質一般都較好。

兩系法雜交水稻的成功是作物育種上的重大突破，也繼續使中國的雜交水稻研究水平保持了世界領先地位。由此，「兩系法雜交水稻技術與應用」獲得 2013 年度國家科技進步獎特等獎。當然，這一技術是中國育種家集體研究的成果，我個人的工作主要在兩個方面：

一是提出了雜交稻育種三步走的戰略設想。在第二個戰略發展階段上，主張實行把光、溫敏核不育基因和廣親和基因結合起來，通過亞種間雜種優勢利用，進一步提高雜交水稻的單

1 「八條原則」是：矮中求高，遠中求近，顯超兼顧，穗求中大，高粒葉比，以飽攻飽，爪中求質，生態適應。

產，簡化雜交種子生產程序，降低生產成本。因此受到國際科學界的普遍稱道；

二是為兩系法育種摸索出一整套可操作的實施方案，指導了關鍵技術的突破，使這一科研成果迅速轉化為現實的生產力。其中包括：揭示出水稻光、溫敏核不育系育性轉換與光、溫關係的基本規律；總結出一整套選育實用光、溫敏核不育系的技術方案和體系；設計出一套能使臨界溫度始終保持相對穩定的獨特的光、溫敏核不育系提純和原種生產程序；提出了亞種間強優組合選配等技術策略和技術措施等。

關於「三步走」中的第三步，即「一系法」，現在看還是處於探索階段。我的助手黎垣慶在美國曾經搞了兩三年，到現在也進展緩慢。原來曾看到某些現象，覺得很有希望，但深入下去，又發現它非常複雜。我認為，通過常規手段難以搞成一系，必須與分子生物學技術結合起來。看來就是要把那個基因從野生植物中克隆出來，然後導入水稻裏才有可能成功。這有很長的路要走，不是那麼簡單的，但並不是不能實現。

這裏還有必要說明一個問題，雜交水稻的產量是明顯提高了，但是質量怎麼樣呢？我們現在吃這米口感還好，但今後產量再往上提高，能保證還好吃嗎？

20 世紀七八十年代搞雜交水稻研究的主要目標是解決吃飽肚子的問題，我們的主要精力是放在提高產量上。現在生活水平提高了，經濟發展了，人民不滿足於吃飽，還要吃好。於是我們的主要戰略調整了，目標也有所調整，要滿足這一社會需求：既要高產，又要優質。但是有一條原則，絕不以犧牲產量為代價來求優質，要在高產量的前提下求優質。現在社會上普遍有一個錯誤的認識，甚至於某些專家也有這麼一個錯誤認識，就是認為產量與品質是一對矛盾，即高產不能優質，優質不能高產，這是很片面的。高產與優質，有矛盾但不是絕對對立的矛盾，只是難度很大。我認為，產量與品質是可以統一起來的，既可以高產，又可以優質。

我們現在研究的超級雜交稻，不僅產量高，且品質優。實際上，優質米是有指標衡量的，農業部頒佈了12項指標，其中有的指標高產與優質是正相關的，有的是無相關的。比如說第一項指標是出糙率：出糙率越高，產量就越高；第二項是整精米率：整精米率越高，說明籽粒充實度越好，當然產量也高。這是沒有矛盾的正相關。還有些無相關的，如直鏈澱粉含量，現在的標準大概是20~22；粳稻的要求低一點，大概是15~17。太高了就硬，不好吃；太低了就軟，太黏，南方有些人不吃。而合成等量的直鏈澱粉和直支鏈澱粉所要求的能量是一樣的，只是分配比例不同，與產量沒有關係。還有長寬比的指標也是無相關的，秈稻要求一定的長寬比，粳稻要求另外一種長寬比，長寬比與產量無相關。唯一有矛盾的指標，是蛋白質含量。一般地，合成蛋白質要求能量多，但是中國優質米指標中沒有蛋白質含量這一項，世界各國大米的優質指標中也都沒有蛋白質含量的指標。過去蛋白質源靠大米，吃紅薯吃多了，腳打閃閃，因為它蛋白質含量少；而現在生活水平提高了，蛋白質源可來自肉、蛋、奶，根本不在於大米。

我們現在已經成功地培育出超級雜交水稻，是高產和優質的結合。有個故事：1999 年12 月廣東澄海市委書記到我們中心來參觀，他說：「我聽説你們那裏有高產的水稻，那有沒有優質水稻？我們澄海市經濟發達，人民生活水平很高，一般的米不吃，要吃就要吃進口的泰國米。我作為一個書記感到不好受，我想要又高產又優質的水稻，你有沒有？」我說：「我有，我先請你嘗一嘗。」我用我們超級雜交稻的米請他吃，結果他吃了三碗，還説從來沒有吃過這麼多。

隔了兩天，港深記者代表團來採訪，其中有四位年輕小姐。大家都知道，香港生活水平很高，吃飯都很挑剔，我就把澄海市委書記的故事講給她們聽，她們不太信。我就請她們吃我們的超級稻，四位小姐中有三位吃了三碗，還有一位吃了兩碗半。她們都説真好吃。後來又來了一個香港的企業家，好像是姓吳的先生，他説他平時吃這樣那樣的海鮮後，一般只吃半碗飯墊底。但我請他吃我們的超級雜交稻時，他一連吃了三四碗飯。他說「這米飯真好，我還要吃」，最後還説「我要打包」，打什麼包？打飯的包。

我們現在研究的雜交稻，米質都是很不錯的。一是因為在選育時，優質是一項重要的指標，選育者必須注重品質這個育種目標。二是選育出來的品種如果米質不好，或是過不了關，品種就不能給予審定；不審定，就不能得到推廣。

1 1984 年 6 月 15 日湖南雜交水稻研究中心舉行成立大會（後排左 1 袁隆平）
2 湖南雜交水稻研究中心
3 湖南雜交水稻研究中心海南基地

4 1986 年 10 月袁隆平在首屆雜交水稻國際學術討論會上做學術報告

5 1995 年 8 月袁隆平（主席台左 6）在湖南懷化召開的國家「863」計劃兩系法雜交中稻現場會上

4
5

6 1999 年港深記者代表團來雜交水稻研究中心採訪袁隆平

7 1999 年「863」計劃兩系法雜交水稻研究專題協作組在海南三亞召開年會

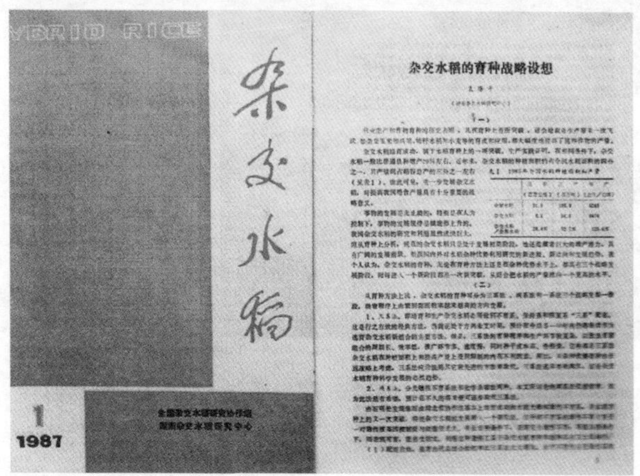

杂交水稻的育种战略设想

（一）

（二）

8 國際水稻研究所贈湖南雜交水稻研究中心紀念匾

9 袁隆平的〈雜交水稻的育種戰略設想〉論文發表於《雜交水稻》1987年第1期

第七章　走向世界

雜交水稻在二十世紀七八十年代
育成和應用，
對中國的糧食短缺問題起到了緩解作用。
效仿中國，
目前在研究雜交水稻的
有 20 多個國家。

「雜交水稻之父」一說之緣起

1979 年 4 月，我應邀到菲律賓首都馬尼拉出席雜交水稻國際學術會議，這次會議有 20 多個國家的 200 多名科學家參加。我們一行的中國水稻專家共 4 人，我是應邀在會議上宣讀論文的代表之一。我的論文題目是《中國雜交水稻育種》，這是第一次將中國雜交水稻研究取得的成功公開報道給國際社會。文中對中國研究雜交水稻及協作攻關的歷程，通過培育三系利用水稻雜種優勢以提高產量的進展與成果，以及雜交水稻強大的雜種優勢進行了闡述，並介紹了獨特而有效的製種技術措施，最後對雜交水稻的發展前景進行了展望。

我印象很深的是，論文宣讀完以後，一位印度專家提問：「中國雜交稻製種的異交率高，是通過什麼措施達到的？」我回答：「第一，割葉，以此掃除傳播花粉的障礙；第二，就是要進行人工輔助授粉。」

又有一位澳大利亞專家問我什麼叫「赶粉」(Supplementary Pollination)。我告訴他，這是我們採用的一種土辦法，就是在間隔種植的不育系和恢復系的揚花期，在晴天中午時分，用一根竹竿或兩頭牽扯的長繩，掃過父本（恢復系）的穗子，使父本雄蕊的花粉振脫出來，有助於這些花粉飄落到不育系張開的穎花柱頭上，促進受精，產生更多的雜交一代稻種。我們把這叫做「趕粉」。我認為我回答得清楚明瞭，與會代表都紛紛點頭，表示對我的回答非常滿意。

中國歷經艱辛取得的雜交水稻新成果，引起了與會代表們的極大關注。這次會議，各國專家公認，中國雜交水稻的研究和推廣應用已經居於世界領先地位。

三年後，1982 年秋，當我再次來到國際水稻研究所參加一年一度的國際水稻學術報告會時，國際水稻研究所所長斯瓦米納森博士莊重地引領我走上主席台。事先也沒有打招呼，這時投影機在屏幕上打出了我的頭像，頭像下方有一排醒目的黑體字寫着："Yuan Longping，the Father of Hybrid Rice"。當時斯瓦米納森博士對參加會議的代表說：「今天，我十分榮幸地在這裏向你們鄭重介紹我的偉大的朋友，傑出的中國科學家，我們國際水稻研究所的特邀客座研究員 —— 袁隆平先生！我們把袁隆平先生稱為『雜交水稻之父』，他是當之無愧的。他的成就不僅是中國的驕傲，也是世界的驕傲。他的成就給世界帶來了福音。」會場上代表們立時報以熱烈的掌聲。第二天，菲律賓各大報頭版刊登了以「雜交水稻之父」為標題的報道，還配發了照片。

因此，「雜交水稻之父」的稱呼最先是由國際水稻研究所的所長說出來的，後來在國際上擴散開來，就逐漸地都這麼稱呼了。按我個人的理解，這個「之父」呢，可以說是「創始者」的意思，雜交水稻的創始者。這是很高的榮譽！此前我沒有任何思想準備，乍一聽到被稱為「雜交水稻之父」時，我感到很突然，説老實話，也很欣慰，很受鼓舞。當然，也感到有壓力，給你這麼一個榮譽，你就不能躺在功勞簿上，要繼續努力。

迄今為止，我已 30 多次赴國際水稻研究所，或去參加國際學術會議，或去做技術指導，或是開展合作研究。國際水稻研究所自 1970 年開始研究雜交水稻，後因認為很難解決有關技術問題而於 1972 年中斷研究。由於中國雜交水稻獲得成功，使這個研究所受到很大的啟發和鼓舞。1979 年 10 月，他們與中國簽訂了雙方合作研究雜交水稻的協議，又於 1979 年重新開展雜交水稻研究，主要目的是選育適合熱帶、亞熱帶地區的高產、多抗雜交稻。但研究中又出現新的問題：一是中國的不育系及現有組合不能直接在熱帶國家利用。二是基本育成的幾個國際稻系統的不育系，配合力太差，用它們配出的組合大多沒有優勢或優勢不強；反之，幾個配合力特別好的母本保持力又不好，難以轉育成不育系。三是製種技術未過關。正是在這種背景下，20 世紀 80 年代，我曾經每年要安排 1~3 次赴菲律賓國際水稻研究所進行技術指導，並與其他國家的科學家一起開展合作研究。科學無國界，我很樂意傳授自己多年積累的經驗和技術，也願意贈送育種材料。當時中國農科院研究員林世成説贈送不育材料是得到上級同意和批准的，因此我提供了三個「野敗」型不育系，由他交給了國際水稻研究所。

通過國際水稻研究所，許多國家獲取了這一最寶貴的培育雜交水稻必不可缺的種質資源。國際水稻研究所和與其合作的不少國家，都利用這一材料育成了許多優良的不育系和高產的雜交組合，最後在生產應用上見到了明顯的效果。

第一項農業專利轉讓給美國及其後的中美合作

1979年，中國農業部將1.5公斤雜交水稻種子贈送給美國西方石油公司，這是中國雜交水稻跨出國門、走向國際的第一步。

美國曾在20世紀70年代研究雜交水稻，因未實現三系配套而無法在生產上利用，但他們十分看好中國雜交水稻的成功。1979年5月，美國西方石油公司下屬的圓環種子公司總經理威爾其訪華時，中國農業部種子公司送給他1.5公斤雜交稻種共3個組合，每個組合0.5公斤。威爾其帶回去進行小區試種，水稻表現出了明顯的優勢，與美國當地的水稻良種比較，增產33%以上。1979年12月，威爾其懷着對雜交稻濃厚的興趣，再次來華。經過談判，他與中國種子公司簽訂了在種子技術方面進行交流和合作的原則性協議。1980年1月，威爾其第三次來華，代表美國圓環種子公司與中國種子公司在北京簽了「雜交水稻綜合技術轉讓合同」。合同規定：中方將雜交稻技術傳授給美方，在美國製種。製出的種子在美國、巴西、埃及、西班牙等國銷售。圓環種子公司每年從銷售種子總收入中提取6%付給中國作為報酬，合同期20年。這是一項對於兩國和兩國農業科學技術都很有意義的合同，也是中國農業第一個對外技術轉讓合同。這一事件引起了國際社會的廣泛關注。

根據對外技術轉讓合同，需要中方派人到美國進行技術指導。1980年5月9日，我和陳一吾、杜慎餘3人乘飛機飛行10多個小時，到達美國西部重鎮洛杉磯。美國圓環種子公司總經理威爾其和其他專家已在機場迎候。雙方見面後，由於此前互不相識，威爾其只與又黑又瘦的我握手致意，而與大腹便便、學者風度的陳一吾又是貼臉、又是擁抱，原來他認錯人了，把陳一吾當做我了！

在他們的陪同下，我們又行車5個多小時，抵達美國加州南端的埃爾森特羅，第二天再驅車到達製種基地 —— 國立加利福尼亞州大學農業試驗站。此後，我們每天騎自行車往返於駐地與試驗站之間，主要任務是傳授雜交稻技術。

在美期間，我們應邀與加州大學農學院的教授和研究生進行過座談，也參加過全美水稻技術會議。對中國僅用9年時間取得了雜交水稻從起步研究到三系配套的成就，許多美國農業科技人員非常驚訝和表示敬佩，認為中國在這方面是權威。美國西方石油公司董事長哈默博士[1]召開股東大會，邀請我出席，並安排坐在了首席位置。美國當地報紙、雜誌和電視台還同時報道了中國雜交水稻的成就和我們到訪美國傳授雜交水稻技術的消息。

中國的雜交稻在美國試種了3年，每年都表現良好，增產極其顯著。如美國圓環種子公司在得克薩斯州建立了種子站，1981年在得克薩斯州進行了品比試驗，其中供試組合、品種11個，按產量位次，前6名都是中國的雜交稻，第7、8名是雜交稻的父本，美國的3個對照良種居倒數第1、2、3名。在由中國專家負責的1.5畝大田對比試驗中，威優6號畝產1515

1　哈默（Armand Hamer，1898—1990），俄裔美國企業家。

斤，比當地對照良種增產 61%。1982 年在美國幾個農場擴大了對比試種田的面積（每個組合在每個點種 6 畝），完全按美國的栽培方法進行，結果仍然以中國的雜交稻產量最高。如南優 2 號，每英畝產 8600 多磅，比當地對照良種增產 79%，引起了美國產業界和農業科技界的極大興趣。在收穫後不久，美國即派人來中國同我們聯繫和洽商，迫切要求與我省農科院訂立科研合同，為他們培育米質優良的雜交水稻和大柱頭不育系。

經過試種，雜交水稻在美國取得的增產效果十分明顯，美國西方石油公司愈加對中國雜交水稻感興趣，決定加強宣傳力度。於是他們於 1981 年 7 月特來中國拍攝了一部以中國雜交水稻為中心內容的彩色紀錄片，名為《在中華人民共和國的花園裏 —— 中國雜交水稻的故事》。該影片除了在美國放映外，日本電視台也於 1983 年 7 月在全國範圍內播放，引起了轟動。日本出版的《神奇水稻的威脅》一書中稱：「雜交水稻這一海外傳奇給日本帶來了風暴。」1983 年英國殼牌石油公司也來湖南拍攝名為《糧食》的影片。這些宣傳促進了西方國家進一步了解中國和中國的雜交水稻。

我先後一共 5 次應邀赴美傳授技術。我的助手尹華奇、李必湖、周坤爐等，也都多次赴美國傳授雜交水稻育種和製種技術。連續幾年的努力，幫助他們解決了不少難題，多次受到美國圓環種子公司總裁約翰遜先生的讚揚。

得克薩斯州種子站於 1981—1984 年將中國的 5 個雜交組合在 20 多個水稻產區進行產量試驗。結果表明，這些雜交組合的產量遠遠超過當地水稻良種，增產幅度平均在 38% 左右。後來，在中國專家的幫助下，他們還進行了適合美國栽培方式和米質要求的組合的選育；他們還力圖解決機械化製種的問題，使製種結實率達到 75%~85%。

1989 年 12 月 11 日，香港媒體報道了一則消息：一種中國培育的優質雜交水稻已進入美國市場，今年美國人將可以吃上香噴噴的中國大米。雜交水稻作為中國第一項農業專利轉讓給美國的圓環種子公司⋯⋯在美國連續 3 年試驗，產量比當地當家品種增產 48% 以上，並且早熟 8 天，適於機械化種植。精米率完整，也高於對照品種，經美國稻米協會鑒定，符合美國稻米市場要求。

後來由於美國圓環種子公司總裁約翰遜先生的去世，我們與美方的合作曾一度中斷。但隨着圓環種子公司將合同轉讓給得克薩斯州水稻技術公司，我們又續上了與美方的合作，直到今天。

故事得從 1994 年講起。這一年的 3 月，應美國得克薩斯州水稻技術公司總裁羅賓・安德士的邀請，我們再次赴美，為共同開發兩系雜交稻舉行談判。這家公司是列支敦士登國王私人投資的一家公司，經過談判最後簽署了湖南雜交水稻研究中心與美國水稻技術公司合作開發兩系雜交稻的協議，從而續上了中美在雜交水稻方面的合作。這不僅加快了兩系雜交稻進入國際市場的步伐，而且促進了兩系雜交稻的合作研究。1994 年 9 月 10 日，中國農業部正式批准了這一協議。從那時起，我們之間開始了長達 20 年的合作，至今仍然保持着非常良好的關係。我們前後派出十幾位專家赴公司指導，幫助他們克服了育種、繁殖和製種中的種種難題；而在收益方面，我方按照協議規定每年可分到一定比例的提成。隨着這家公司經營規模的擴大，尤其是當他們的業務逐漸延伸到南美進行雜交水稻的開發後，我們的提成也在不斷增加，形成了一種雙贏的局面。

現在，我們之間每年都有交流，美方公司管科研業務的副總裁每年都會帶人來中國，與我們商談和銜接下一步合作事宜，一來表明合作的誠意，二來也是對我方研究新進展、新成果的關注。我們也派員訪問交流，參加他們舉辦的向農場主展示推介品種的現場會等活動，特別是乘坐製種時用於輔助授粉的直升機進行觀看，這種體驗十分別致和有趣。因為在中國是拉繩子趕粉；而在美國，田是適應機械化的超大規模田塊，加上人工的昂貴，他們只能利用直升機在製種田上空飛行，通過機翼振動來達到輔助授粉的目的，效果也好得很呢！

國際培訓班和國際學術討論會

雜交水稻國際培訓的開展是雜交水稻邁向國際的重要標誌之一。1980 年 9 月，由中國農業科學院和國際水稻研究所共同舉辦的國際雜交水稻育種培訓班在長沙湖南省農業科學院開班。這是中國舉辦雜交水稻國際培訓班的開端。我當時是主講人之一，給來自印度、泰國、孟加拉國、斯里蘭卡、菲律賓、印尼等 10 多個國家的專家講授雜交水稻的主要課程。1981 年 9 月又再次舉辦。此後，我們先後受聯合國糧農組織、國際水稻研究所、中國農業部和中國商務部等機構的委託，在湖南雜交水稻研究中心開展雜交水稻國際培訓，使這種培訓越來越成為推進雜交水稻走向世界的重要環節。

在這裏接受培訓的許多國家的學員，一批又一批成為雜交水稻技術專家。特別是自 1999 年起，中國商務部本着支持「發展雜交水稻，造福世界人民」的意願，將開辦 TCDC (Technique Cooperarion among Developing Countries) 國際雜交水稻技術培訓班作為援外項目，為開展技術援外搭建了一個很好的平台。通過這個途徑，我們已先後舉辦了50多期雜交水稻國際培訓班，為亞、非、拉約 50 個發展中國家培訓了 2000 名左右的技術人員。這些培訓班的專家們回國後，均成了雜交水稻技術的骨幹，而且大多或被提升，或任政府要職。通過他們，中國的雜交水稻技術被帶到他們各自國家的土地上生根開花；他們經常寫信回來，感謝在中國我們為他們傳授了雜交水稻技術，還表示想再來看看他們的第二個家 —— 中國！學員們還專門寫了首培訓班班歌：*If we hold on together.*

應技術普及與培訓之需，1985 年我編寫了《雜交水稻簡明教程》，同時翻譯成英文，由湖南科學技術出版社出版。當時這本中英文對照的簡明教程，為國內外了解學習雜交水稻技術的人士提供了方便。隨着國際培訓的日益拓展，1995 年我著述的 *Technology of hybrid rice production* 由聯合國糧農組織出版，發行到了 40 多個國家，成為全世界雜交水稻研究和生產的指導用書。後來，聯合國糧農組織根據需要又於 2001 年將這本書譯成西班牙文再次出版，發行到範圍更廣的國家。

自首屆雜交水稻國際會議在長沙召開以後，湖南雜交水稻研究中心還先後舉辦了5次規模較大的國際學術討論會或論壇。

1992年1月於長沙舉辦了首屆水稻無融合生殖國際學術討論會。這次會議有8個國家的近50名代表參會。會議着重研討了具有無融合生殖特性的水稻材料在遺傳學及胚胎學等方面研究的初步結果，以及將異屬中的無融合生殖基因導入水稻的試探性研究情況。無融合生殖是指以種子形式進行繁殖的無性生殖方式（無性種子繁殖），它可使世代更迭但不改變核型，後代的遺傳結構與母體相同，因此，通過這種生殖方式可將 F_1 雜種優勢固定下來。育種工作者只要獲得一個優良的 F_1 雜種單株，就能憑藉種子繁殖，迅速在大面積生產上推廣。會議認為水稻在這方面的研究剛剛開始，尚處於探索階段，提出有必要對已發掘的無融合生殖水稻資源做更深入的研究和改造；同時，應當繼續在栽培稻及野生稻中發掘或通過遠緣雜交或誘變等途徑，創造新的無融合生殖材料。我認為，培育無融合生殖系固定 F_1 雜種優勢為最有前景的可能途徑，具有十分重要的意義。

1997年9月在長沙舉辦了首屆農作物兩系法雜種優勢利用國際學術討論會。出席這次會議的有來自中國16個省、市、自治區，以及美國、日本、德國、印度、越南等8個國家和國際機構的科學家90餘人。大會認為，遵循「兩系法」技術路線，除兩系水稻外，中國的兩系高粱、兩系小麥、兩系油菜、兩系棉花、兩系苧麻等都取得了很大的進展。在兩系法雜種優勢利用方面，我們仍處於世界領先地位。水稻兩系法雜種優勢利用的成果被認為必將為其他作物兩系法雜種優勢利用的研究起到借鑒作用。

2002 年 4 月在三亞舉辦了國際水稻強化栽培技術學術研討會。20 個國家和國際機構的專家、學者和官員 110 多人共同探討了原產於 20 世紀 80 年代馬達加斯加的一種水稻栽培方法 —— 水稻強化栽培體系的關鍵技術、增產潛力、增產機理及推廣措施，一致認為應該因地制宜結合各地水稻生產的實際情況，形成更加適合的水稻強化栽培方法。我認為良種、良法的配套，將會加速雜交水稻新成果、新技術的實際應用。

2004 年 9 月在湖南懷化舉辦了國際雜交水稻與世界糧食安全論壇。24 個國家和國際組織的專家、官員和企業界人士圍繞雜交水稻的歷史、現狀和未來的發展趨勢進行了研究和探討，認為雜交水稻對增加糧食安全潛力巨大，必須加強雜交水稻在世界各國的合作研究和推廣。

2008 年 9 月在長沙舉辦了第五屆雜交水稻國際學術討論會。這是繼 1986 年首屆雜交水稻國際學術討論會在長沙召開以後，湖南雜交水稻研究中心主持召開的關於雜交水稻技術研究與開發的最大一次盛會。來自國際水稻研究所和美國、印度、印尼、孟加拉國、埃及、菲律賓、越南等國家及中國的專家、學者和企業界人士 400 多人參加了這次大會，可謂盛況空前！大會以「加快雜交水稻的發展」為主題，從當前雜交水稻研究與發展中面臨的種種挑戰切入，重點圍繞雜交水稻育種方法和品種改良、生物技術在雜交水稻中的應用、雜交水稻種子生產、雜交水稻生理、高產栽培及資源的高效利用、雜交水稻品質改良、雜交水稻的經濟以及加強各國科研機構與民營企業合作等議題，進行回顧、交流和討論，進一步探討了今後雜交水稻發展的策略。國際上均十分讚賞中國在雜交水稻研發上取得的巨大成就和中國為世界其他國家應用雜交水稻技術所起的榜樣作用，並充分肯定雜交水稻在提高產量、確保世界糧食安全中具有的巨大潛力和重要作用。

總的來看，歷次國際會議的召開，每次都就某一主題展開深入研討，結果不論是對雜交水稻的學術思想的進步，還是對雜交水稻的技術體系的發展，都可說是大大的促進。

Science 介紹超級雜交稻選育理論

20 世紀 80 年代後期以來，世界上有的國家和國際農業研究機構把追求水稻超高產作為育種研究的探索目標。1997 年，我根據自己長期從事雜交水稻研究的經驗，並參考國內外在這方面研究的新進展，提出超級雜交水稻育種應採取旨在提高光合效率的形態改良與亞種間雜種優勢利用相結合，輔之以分子手段的選育綜合技術路線，並設計了強調上部三片功能葉長、直、窄、凹、厚 的「高冠層、矮穗層、中大穗、高度抗倒」的超高產株型模式。上三葉長，可以增加日照面積；直，葉片可以兩面受光，同時互不遮陰；窄，單位葉面積的指數可以更大；凹，可以使葉片堅挺不披，這就是角鋼比片鋼更能承受壓力的道理；厚，光合功能比較好，不易早衰。水稻具有這種形態特徵，才能有最大的有效葉面積指數和光合功能，可以製造更多的有機物，為超高產提供充足的光合產物。我把這些總結提煉後，寫成論文〈雜交水稻的超高產育種〉，發表在《雜交水稻》雜誌（1997 年第 6 期）上。

這篇文章引起了 *Science* 雜誌的重視，該刊是國際科學界的權威性刊物，在 1999 年 1 月第 283 卷第 5400 號第 313 頁上發表文章介紹我撰寫的〈雜交水稻的超高產育種〉論文，並刊登了我提出的超級雜交稻形態照片。文中介紹了我對雜交水稻超高產育種的設計理念，具體描述了所構想的水稻株型的形態。該文還評論稱：「袁教授正在尋求一次新的革命。」並稱這一成功將是水稻育種上的一次重大突破，將對當今世界糧食安全做出重大貢獻。

後來，*Science* 雜誌對雜交水稻，特別是我們的超級雜交稻研究，給予了高度關注，數次報道了這一方面研究的進展情況。2008 年，全球性的糧食危機讓世界擔憂，*Science* 曾報道指出，依靠雜交水稻是獲得更高產量的途徑。

推廣到全球 20 多個國家

20 世紀 90 年代，聯合國糧農組織把各水稻生產國發展雜交水稻作為增產糧食、解決糧食短缺問題的首選戰略項目。他們選擇 15 個國家，並給這些國家提供經費，推廣雜交水稻，這為雜交水稻在世界的研究和推廣提供了良機和條件。有十幾位專家受聘為該組織的顧問，我被聘為首席顧問。我曾先後多次到印度、越南、菲律賓、緬甸、孟加拉國等國進行技術指導和接受諮詢，為這些國家建立起了一套發展雜交水稻的人才與技術體系，也先後提供了 50 多個雜交水稻組合在南亞和東南亞進行試種推廣。

記得 1990—1993 年間，我連續 3 次去印度，行使聯合國糧農組織首席顧問的職責。開始的時候，印度已在效仿中國努力發展雜交水稻，建立了雜交水稻項目網的 10 個中心。我頻繁地考察了他們網絡裏的中心及其試驗基地和田間材料，針對印度科學家研究中遇到的問題與他們進行座談交流，對育種、栽培和製種的方方面面提出了一些建議。聯合國糧農組織進一步確立了印度「發展與利用雜交水稻技術」項目（IND/91/008）。圍繞項目的實施，經過我們考察和論證，為印度培育比對照增產 15%~30% 的雜交組合，開展兩系法雜種優勢利用研究、開發有效的雜交水稻製種技術等獻計獻策，共同為印度實現雜交水稻大面積商業化發展獻出了一份力量。在此期間，印度進展很快，選育了適合當地種植的雜交組合 35 個，好的可比對照每公頃增產 1.2~1.4 噸。看到印度大面積應用雜交水稻的美好前景，我心裏無比高興，也為此感到非常欣慰。

隨着雜交水稻對世界影響的擴大，來我們中心訪問的各國專家、學者、各界人士的代表團絡繹不絕，甚至越來越多的政要也專程來這裏尋求解決本國糧食問題的良策，如莫桑比克總理、利比里亞總統、老撾總理、塞拉利昂總統等都曾親自到訪過這裏。他們不僅讚賞中國雜交水稻的發展和對世界做出的貢獻，而且非常希望我們提供幫助，促進其糧食生產的發展。

有的國家，如亞洲的稻米主產國菲律賓、越南等，更是熱衷於發展雜交水稻。就拿菲律賓來說，這是一個全民吃稻米的國家，它的國家領導人十分重視發展雜交水稻。依斯特拉達自 1998 年就任總統以後，一直強調把實現糧食自足作為自己追求政績的目標。他指出中國有人口十幾億，卻依舊有糧食可輸出；而擁有豐富天然的資源和大片農地的菲律賓卻仍持續進口大米，這種局面一定要改變！他認為既然中國、越南均通過雜交水稻技術而使稻米的產量增加，菲律賓人沒有理由捱餓，「菲國沒有理由不能超越鄰國的生產能力」。因此，依斯特拉達鼓勵本國農民使用雜交水稻種子，發展糧食生產。

菲律賓總統阿羅約上台後，繼續支持發展雜交水稻。她為了促進雜交水稻在菲律賓的發展，曾 5 次接見我。2003 年正當 SARS 肆虐，各國都加強防範，但阿羅約卻執意邀請我訪菲。阿羅約總統說：「我們的雜交水稻方案已成為菲律賓糧食安全的主要部分。假如樣樣就緒，可能在 2008 年，我們的大米產量便能自給自足，這是我們追求的目標。」

2001 年我獲得菲律賓「拉蒙．麥格賽賽獎」時，是阿羅約總統親自為我頒的獎。2004 年 9 月，阿羅約總統應邀訪問中國，她在北京提出要專門見我，要親自頒發她簽署的給我的嘉獎狀，給予我致力促進菲律賓雜交水稻發展的表彰。兩個月之後，我再次前往菲律賓，出席國際水稻論壇大會，阿羅約總統再一次接見我，希望我們繼續支持發展菲律賓雜交水稻的研究和生產。2007 年 1 月，國務院總理溫家寶出訪菲律賓，他專門點我的名，要我隨團一起訪問菲律賓。這次我又再一次見到了阿羅約總統，我們繼續討論了包括雜交水稻在內的農業技術合作。

2004 年是「國際水稻年」，雜交水稻受關注的程度也大大增強。這一年中，我除了兩度與菲律賓阿羅約總統見面外，還先後受到以色列、列支敦士登、泰國、馬來西亞等 4 個國家元首的接見。

列支敦士登是地處歐洲的一個小小國家，但這個小國家很富裕，它的國王是世界上有名的富翁。正是這個國王，對農業技術十分有興趣，他投資的美國水稻技術公司於 1994 年與我們建立合作關係後，王子漢斯亞當 1998 年便以私人身份專程來中國訪問。他到湖南來見到我時說：「我做夢都想見到您！」現在，王子已經是國王二世漢斯亞當公爵了。2004 年，我去美國領「世界糧食獎」時，他又專程飛到美國去見我，向我表示祝賀，並表明要加強與我們的友好合作。這是個對雜交水稻情有獨鍾的國王，2007、2012 年他先後兩次再來中國，而且帶來美國水稻技術公司的董事長與我們商談。他們看好了更廣的國際市場，對進一步開展雜交水稻的合作開發充滿了信心。的確，美國水稻技術公司發揮了很大作用，它使雜交水稻的面積推廣到該國南方水稻總面積的 1/3 以上，此外，還在南美地區推廣，面積逐年擴大。由於看好發展前景，2013 年美國水稻技術公司與我們續簽了合同，延長合作期限 20 年。

雜交水稻在二十世紀七八十年代育成和應用，對中國的糧食短缺問題起到了緩解作用。效仿中國，目前在研究雜交水稻的有 20 多個國家。在生產上大面積種植的國家已經有 7 個，它們是印度、孟加拉國、印度尼西亞、越南、菲律賓、美國和巴西。2013 年它們種植的面積共計 600 萬公頃，平均每公頃產量比當地優良品種高出 2 噸左右。吃大米的國家主要是東南亞國家，如印度，吃大米人口有八九億，有很大的發展空間。目前巴基斯坦已經取得較大進展，另外將要陸續採用、推廣的國家還有埃及、馬達加斯加、利比里亞、墨西哥和南美各國等。

印度，是除中國之外世界上人口最多的國家，也是世界第二大稻米生產國。雖然印度有悠久的種稻歷史，但始終饑荒頻頻。我到過印度很多地方，農民也沒什麼技術，完全靠天吃飯。天老爺照顧他們，風調雨順，就有飯吃；天老爺一作怪呢，今年來個乾旱或者明年來個水災，就沒飯吃了。在引進中國的雜交水稻技術之後，現在他們的糧食也可以自給了，雜交水稻種植面積達到 200 萬公頃。曾任印度農業大學稻米系主任的費巴加那紮這樣説過，印度需要雜交水稻技術，因為雜交水稻是增加稻米產量的最佳技術，可以提供更多的糧食。

越南近幾年雜交稻的種植面積約 60 萬公頃，平均產量為 6.3 噸 / 公頃，其全國水稻的平均產量（含雜交稻）為 4.5 噸 / 公頃，雜交稻比常規良種增產 40%，為保障越南的糧食安全發揮了越來越大的作用。越南政府於 2002 年 5 月特別授予了「越南農業和農村發展」徽章給我，表明對促進越南雜交水稻發展給予的表彰。由於多年大面積、大幅度增產，越南由原來的糧食短缺國一躍成為僅次於泰國的世界第二大稻米出口國。

如前所述，菲律賓為了甩掉糧食進口國的帽子，對研究和發展雜交水稻極為重視。從 1995 年開始，他們把雜交水稻作為解決糧食和發展經濟的戰略決策來抓。2004 年全國雜交稻面積已達 20 萬公頃，平均產量近 7 噸 / 公頃，而該國灌溉稻的平均產量為 4.5 噸 / 公頃。阿羅約總統把發展雜交稻作為政府的旗艦項目，計劃到 2012 年推廣雜交稻 100 萬公頃，年增稻穀 200 萬噸，實現糧食自給。可是在近年出現的這次糧荒中，菲律賓卻是受衝擊最大的國家之一，原因在哪裏呢？一方面是受颱風影響，另一方面是政府鼓勵農民種雜交稻的補貼不能兑現了。我如果再見到總統，我會對總統説：與其花好幾十個億進口大米，不如把這個錢補貼給農民，用來發展雜交水稻。

美國作為世界上發展雜交水稻較早的國家，在第一次引進雜交水稻試種之後，其增產效應明顯，因此被美國人驚呼為「東方魔稻」。從那時起到現在，雜交水稻在美國的種植面積和產量都在不斷增加，2012 年的雜交稻面積已達到 44 萬公頃，平均產量超過 9 噸 / 公頃，比當地良種增產 20% 以上。對於未來的發展，美國充滿了信心。

雜交稻在非洲幾內亞、利比里亞的示範的增產效果更是驚人，比當地品種高 3~5 倍。

全世界種植水稻的國家有 110 多個，除中國外，目前全球每年水稻種植面積有 1.1 億公頃。據統計，到目前為止雜交水稻已在全球約 40 個國家種植，近年全球年種植雜交水稻總面積達到了 2000 多萬公頃，中國以外的國家開發雜交水稻的面積由 2002 年的 82 萬公頃發展到 2013 年的 600 萬公頃。但目前全世界雜交水稻的推廣面積尚不足 2%，而平均每公頃比當地良種增產 2 噸左右。因此，雜交水稻在全世界的未來發展空間非常大，而且發展雜交稻被視為對產稻國糧食增產有立竿見影的效果。

雜交水稻在中國的研發雖是我帶頭搞起來的，現在全世界都承認它是水稻界、世界糧食界的一次革命，開創了水稻育種的一個新途徑、一個革命性的新途徑，但我認為我只是做了部分工作。我最初搞雜交水稻研究時，只是想搞個好品種出來，能夠增產糧食就不錯了。現在，雜交水稻能夠這樣造福人類，產生這麼大的影響，真是我當初沒有想到的，也是我最欣慰的事情。

1 1996 年 3 月袁隆平（中）在美國國家水稻研究中心溫室觀察水稻試驗材料

2 1996 年 3 月袁隆平（左 3）在美國國家水稻研究中心與主任 Dr.Rutger 等研究人員討論無融合生殖研究計劃

1
2

3　用繩子「趕粉」製種的場面
4　1997 年袁隆平為國際雜交水稻培訓班學員講課

3
―
4

5 湖南科學技術出版社於 1985 年出版了中英文對照的《雜交水稻簡明教程》。在此基礎上，1995 年由聯合國糧農組織出版了英文版 *Technology of hybrid rice production*

6 1997 年 9 月 袁隆平（左 7）在長沙召開的首屆農作物兩系法雜種優勢利用國際學術討論會上

5
6

Crossing Rice Strains to Keep Asia's Rice Bowls Brimming

BEIJING, CHINA—While plant breeders in most of the world fear that grain yields are plateauing (see main text), Yuan Longping thinks a big jump in rice productivity is just around the corner. Yuan, the director of the National Hybrid Rice Research and Development Center in Changsha, Hunan Province, says he is on the verge of creating a superhigh-yield hybrid that promises jumps of 15% to 20% in potential rice yields over existing hybrids.

Yuan cautions that the results are based on tiny test plots and must be confirmed in larger trials over the next 2 years. Even if the new strain does live up to expectations, say other plant breeders, consumers may turn up their noses at the quality of the rice. But scientists who have heard his preliminary results think Yuan is on to something big. "When I hear Yuan Longping's enthusiasm about this and when I think about his track record, I take note of what he's saying," says Neil Rutger, director of the Dale Bumpers National Rice Research Center in Stuttgart, Arkansas. "If [the yields are] what he claims, it is a significant achievement," adds Sant Virmani, deputy head of plant breeding at the International Rice Research Institute in Los Baños, the Philippines.

Hybrid vigor. Chinese rice breeders hope this cross between strains having narrow, erect leaves will push up yields.

Yuan's efforts make use of the fact that the first generation of hybrid plants is typically more vigorous and productive than either parent—a poorly understood phenomenon called heterosis. To take advantage of heterosis, virtually all the maize in developed countries is grown from first-generation (F1) hybrid seed. But corn is much easier to hybridize than rice. Because rice is self-pollinating, getting hybrid seed requires developing lines of plants in which the male organs are sterile and can only be pollinated by the other parental line. A third line of plants is required to provide pollen to reproduce the male-sterile line for the next growing season. The technique is not only laborious but also produces small quantities of seed. As a result, hybrid rice in most countries has taken a back seat to inbred rice, in which part of one year's crop can be kept as seed for the next.

Not in China, however. In the 1970s, Yuan made production of F1 hybrid rice seed viable with techniques that tapped his country's cheap labor. He sprayed the male-sterile plants with a growth hormone so that the panicles, or grain clusters, would emerge from the rice leaf sheath to catch pollen that was shaken loose by ropes dragged over the male-line plants. Hybrid rice now accounts for half of China's rice acreage and yields an average of 6.8 tons per hectare compared with 5.2 tons for conventional rice. By Rutger's calculation, the increased output feeds an additional 100 million Chinese every year.

China's success has inspired hybrid rice production in India, Vietnam, and the Philippines. Several more countries are developing hybrid rice varieties suited to their own growing conditions. But even higher yields will be needed to meet Asia's projected food demand.

To Yuan, the answer was to cross more diverse parent strains in order to achieve even greater heterosis and higher yields. Unfortunately, the more diverse the parents, the greater the chance that the offspring will be sterile, growing vigorously but producing little rice. But in the mid-1980s, Hiroshi Ikehashi, a plant breeder at Kyoto University in Japan, identified a gene in certain species of japonica rice native to Indonesia that promotes fertility in hybrids. This wide compatibility gene, which has proven relatively easy to transfer through crossbreeding, was the breakthrough Yuan needed.

Rather than count on heterosis alone to raise yields, however, Yuan also decided to incorporate morphological improvements. Since 1996, his group has selectively bred potential parents for long, narrow, and very erect top leaves. This configuration, Yuan believes, captures sunlight more effectively. He's also bred plants to grow large panicles that hang close to the ground, reducing the risk of lodging, or falling over. "Both hybridization and morphological improvements are important," Yuan says. "I don't think you can rely on just one or the other."

In 1997, one of the crosses yielded an average of over 13 tons per hectare—well above the 10.5 tons for existing hybrids grown under ideal conditions. Although that test took place on just a fraction of a hectare, the group achieved similar results last summer in trials at four separate locations totaling more than 2 hectares. If he can get 12 tons per hectare for two consecutive years, Yuan says, "I will declare that the goal of the super-hybrid rice-breeding program is achieved." He is so confident of success that he invited participants at an international conference in Cairo last fall to visit China and witness this year's harvest.

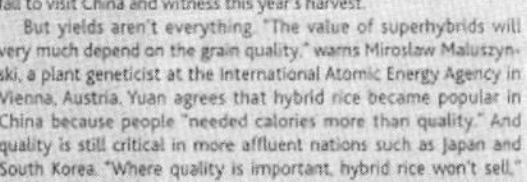

But yields aren't everything. "The value of superhybrids will very much depend on the grain quality," warns Miroslaw Maluszynski, a plant geneticist at the International Atomic Energy Agency in Vienna, Austria. Yuan agrees that hybrid rice became popular in China because people "needed calories more than quality." And quality is still critical in more affluent nations such as Japan and South Korea. "Where quality is important, hybrid rice won't sell," says Shigemi Akita, a crop physiologist at the University of Tokyo.

Still, Yuan and others are confident that hybrids will play an increasingly important role in filling Asia's rice bowls. Studies of heterosis "are still at a juvenile stage," he says. "The very high-yield potential of hybrid rice has not yet been fully tapped."

—DENNIS NORMILE

mon pest. "The tillers are strong but not tough," IRRI's Sheehy says. "Borers chew right through them, which poses a genuine research problem." Although he believes the new plant type will eventually be "vindicated," its progress is a sobering reminder of the difficulties of raising yield.

"We've been working on rice yields for so many years without making the kind of progress we'd like to make," Peng says. "We may be able to create the new plant type without biotech, but that is where new opportunities will have to come from in the future."

Big biotech

Peng and the other agronomists who regard genetic engineering as the key to surpassing the yield barrier have more in mind than the products of today's biotech industry, which now cover almost 20 million ha in North America alone. The vast majority of these crops are the result of single-gene transfers, in which one or more genes coding for desired characteristics—such as herbicide resistance or an antibacterial compound—are smuggled into the organism from an outside source. Such efforts, although important to raising actual yields, are unlikely to raise potential yields. To break yield barriers, the plants will have to be thoroughly re-engineered.

7　1999 年 1 月 *Science* 雜誌發表文章介紹超級雜交稻形態（第 283 卷第 5400 號第 313 頁）

8 2002 年 5 月越南總理潘文凱向袁隆平（右 1）授予「越南農業和農村發展」徽章

9 2003 年袁隆平受菲律賓總統阿羅約之邀訪菲。圖為與總統會見時的留影

8
9

10 位於得克薩斯州休斯頓的美國水稻技術公司

第八章　新世紀 新目標

21 世紀早已到來，
中國人不僅能夠吃得飽，
而且能夠吃得越來越好；
中國不僅沒有成為世界的威脅，
而且為世界的糧食安全做出了
越來越多的貢獻。

首屆國家最高科學技術獎

2001 年 2 月 19 日，中共中央、國務院在北京人民大會堂隆重召開國家科學技術獎勵大會，其中包括首次由國務院頒發的國家最高科學技術獎。

那天頒獎的盛況，我至今仍歷歷在目。上午，人民大會堂大禮堂裏燈光璀璨，鮮花如簇。會前，當江澤民等黨和國家領導人來到人民大會堂，與 2000 年度國家科學技術獎獲獎代表見面時，全場響起熱烈的掌聲。江澤民與獲獎代表親切握手，與獲獎代表合影留念。上午 10 點鐘，胡錦濤同志宣佈大會開始，奏國歌後由李嵐清宣讀了國務院的頒獎決定，宣佈把 2000 年度國家最高科學技術獎授予吳文俊先生和我，然後由江澤民主席為我們頒發了由他親筆簽發的獎勵證書和獎金。

朱鎔基總理代表黨中央、國務院向首次榮獲國家最高科學技術獎的所有獲獎人員和集體表示熱烈祝賀，在講話中鼓勵全國科技工作者繼續為促進科技進步和創新，為經濟發展和社會進步做貢獻。

此時此刻，我無比激動。獲此殊榮，對我來說，既是鼓勵，也是鞭策。黨和國家的期望更使我覺得任重道遠。我代表全體獲獎人員發了言。我認為，這個獎是獎給全國農業戰

國家最高科學技術獎

國家最高科學技術獎是國務院 1999 年 5 月設立的新的國家級科技獎勵的獎項，按照新的科技獎勵的規定，這項最高獎授予在當代科技前沿取得了重大突破或者是在科學技術的進展中有突出成績的科學家，以及在科技創新、科技成果轉化及其產業化整體過程中為國家做出了特別突出的經濟效益，或取得了重大的社會效益的科技工作者。根據獎勵條例規定，每年舉行一次評獎活動，每次有不超過兩位的獲獎者，最終由國務院批准，由國家主席簽署獲獎證書並且頒發獎金，獎金額度為每位獲獎者 500 萬元人民幣。該獎項不分等級。

線的科研工作者的，因為雜交水稻是全國很多人協作攻關的成果。這次國家重獎科學家，充分體現了黨和國家尊重人才、尊重知識的政策。這項政策太英明了，它像灌溉的閘門似的，一打開，廣大知識分子的聰明才智就發揮出來了。我表示一定要在實現中國超級稻第一期目標的基礎上，繼續探索，追求更高的目標。

記得有件十分有趣的事，就是這次到北京，中央電視台對我和吳文俊先生做一個專訪的節目。這是我們兩人頭一次見面，但卻是一見如故，相談甚歡。吳老對我說：「大家都稱你是『雜交水稻之父』。按學科說，農業和數學關係向來非常密切，數學是起源於農業的，數學計算最早來自對農田的丈量。比如『幾何』一詞即來自希臘文『丈量土地』。從歷史上看，要發展農業，必須觀天測地，觀天發展成天文，測地發展成幾何，這就說明了幾何的來源。從中國來看，尤其是這樣。因為中國社會向來是以農業為主的，歷史上，中國的數學發展過程裏面，有許許多多的問題都來自農業。」我跟他說：「數學是科學之母，任何科學技術發展到最高階段都要數量化、公式化。」他則說：「搞數學、搞科學的人都要吃飯，農業也應該算是科學之父。」我又說起小時候數學成績不好，初中時向老師提問為什麼「負負得正」，到現在也還是沒弄清楚。吳老聽後大笑起來。後來聽說，他老先生原來在中學時對「負負得正」也是很不理解的。結果呢，他知難而進，成了大數學家。

持續發展的「中心」

一直以來，雜交水稻和湖南雜交水稻研究中心的發展受到了黨和政府的高度重視和關懷。1989 年 6 月，鄧小平在接見軍以上幹部時，曾提到湖南出了一個東西，能使水稻產量提高很多。當時他指的就是兩系法雜交稻研究取得了重要進展。其後，江澤民、李鵬、胡錦濤、溫家寶、賈慶林、李克強等黨和國家領導人都曾親臨視察指導，這給了我們全體幹部職工巨大的鼓舞。

1984 年成立的湖南雜交水稻研究中心，是國內外第一家雜交水稻的專業科研機構。經過多年的發展，逐漸壯大成為以雜交水稻育種為重點，主持承擔國家攻關計劃、「863」計劃等國家重大項目以及多項省、部級課題的重要研究機構。在選育三系法雜交水稻新組合的同時，開展兩系法雜交水稻育種，並探索遠緣雜種優勢利用。這是與雜交水稻發展戰略相應的佈局。在關鍵技術層面上，有雜交水稻親本繁殖技術、雜交製種技術、高產栽培技術等，都是實現戰略目標的技術支撐。我們還開展一些應用基礎研究，以及資源收集與鑒定、種子純度檢測和米質分析、雜交水稻技術集成等研究，作為育種重點的輔助研究，以及中試與開發等應用研究。而面向國內外的雜交水稻技術培訓工作則一直是我們中心多年來承擔的重要工作。

中心的發展遇到幾次很好的機遇，連續四任總理，都極其重視雜交水稻的發展，支持我們雜交水稻研究中心的建設，前後以總理基金項目形式，已共計撥款到位 9000 萬元。這裏邊，能講出很多動人的故事。這裏邊更包含了黨和國家的殷切希望，對我們來說是最大的動力和促進。第一次是 1994 年 12 月 16 日，時任總理李鵬同志視察時聽取我關於組建「國家雜交水稻工程技術研究中心」的匯報後，非常支持我的建議，當即特批 1000 萬元。陪同前來的國家發展銀行行長姚振炎也表示貸款 500 萬元。記得當時總理當場在我們打的報告上批示同意，隨即還拿起來揚了揚，對在場的國家計委、國家科委和湖南省的負責同志等說：「你們看我已經批了啊，看你們支持不支持？」大家都非常響應。此後，中心在總理和國家計委、科委，以及湖南省委省政府的關懷和支持下，發展取得長足的進步，科研樓、分子育種實驗樓、培訓樓、科技館、人工氣候室、玻璃溫室，以及大、中型精密儀器等等，都陸續修繕安裝起來，形成了很好的工作環境和生活環境。

這裏還有個故事，就是 1998 年夏，國務院組織一批優秀專家和教師去北戴河休假，我也在其中。在北京前往北戴河的火車上，我與國務院辦公廳副祕書長徐榮凱和祕書三局局長袁隱坐在一起。聊天中，袁隱和我攀本家，徐榮凱副祕書長說：「你遠親不如我近鄰，因為我是重慶人，我家住在南岸，與袁先生家所在的下浩只距離 1 公里。」這樣越聊越親近，後來我向時任總理朱鎔基同志打的關於超級雜交稻研究的報告就通過徐榮凱副祕書長呈送朱總理。沒想到這一項目受到總理的高度重視，第二天他就做了批示：「良種培育和基因轉換都很重要，同意按需要增撥經費。」隨後他再一次批示：「國務院全力支持這項研究。」不久我們獲得了 1000 萬元的總理基金專項支持。

2005 年 8 月 13 日，時任總理溫家寶同志來國家雜交水稻工程技術研究中心視察。一下車，總理便走上前來，與我緊緊握手，說：「袁老師，您到我的辦公室來看過我。今天，我到您的稻田來看您來了！」當知道那天正好是我 75 歲生日時，他提出和我單獨合影留念。視察完之後，總理三次握住我的

朱鎔基總理對袁隆平超級雜交稻研究報告的批示

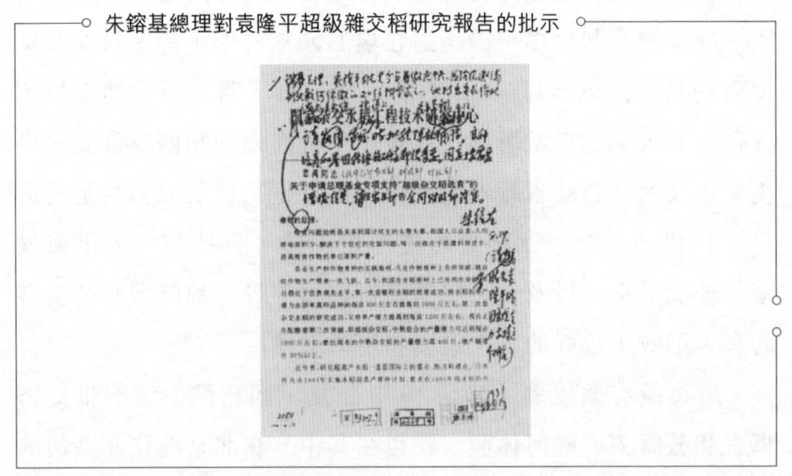

关于申请总理基金专项支持"超级杂交稻选育"的

手，堅持要我先上車，然後自己才上車。總理真平易近人，而且非常有人情味，晚上他特地派專人送來了生日蛋糕慶祝我75歲生日。事後，溫總理為雜交水稻創新工程特批了2000萬元予以支持。

2014年1月17日，我應邀出席現任總理李克強同志召集的關於《政府工作報告（徵求意見稿）》座談會。非常意外的是，會後照合影時李克強總理特意邀我站在他身旁，他表示要繼續支持超級雜交稻研究，指示「不僅要搞百畝片攻關，還要搞千畝片、萬畝片攻關」。2011年李克強同志任副總理時曾經來湖南雜交水稻研究中心視察指導，特批3000萬元支持超級雜交稻研究。此次我們根據總理的指示精神，申請設立超級雜交稻「百千萬」高產攻關示範工程，獲批總理基金支持5000萬元，分3年撥付。

這些感人的故事使我深深體會到黨和國家對農業科技事業給予的厚望，特別是對雜交水稻發展給予了巨大支持。我們在深受鼓舞的同時，也深感很大的壓力。我們一定要繼續努力，不辜負黨和人民的希望。

隨着形勢發展的需要，2006年又迎來新的發展機遇。在國家發改委（原國家計委）的支持下，中心又獲得2000萬元投資進行雜交水稻產業平台建設。在新時期新形勢下，我們必須考慮常規技術與現代生物技術的結合，因此在建設思路上我們更注重先進技術設施設備的配套完善。首先我們在長沙本部，把更先進的人工氣候室及轉基因植物隔離溫室整套設施等的籌建納入了計劃，試驗基地進一步擴充到375畝，各種分子標記輔助選擇、轉基因和品質育種等實驗室的設備儀器也正逐步配備齊全；其次在三亞南繁基地，修建新的科研綜合樓、實驗樓，試驗基地也由原來的 60 畝增加到 150 畝，這些建設在全國同行中也堪稱首屈一指。不斷的發展大大增強了中心的實力。

2011 年，可謂又迎來新的發展機遇。針對中國雜交水稻基礎研究滯後的現狀和雜交水稻學科前沿發展趨勢，科技部立足中國雜交水稻研究實際情況，面向國家中長期科技發展需求實施了一項重大戰略舉措 —— 成立雜交水稻國家重點實驗室，這項計劃在科技部當年發佈的 49 個新建國家重點實驗室名單中名列第一位。6 月 25 日，依託湖南雜交水稻研究中心和武漢大學共同組建的雜交水稻國家重點實驗室在我中心掛牌，目的是圍繞雜交水稻持續增產的核心主題，不斷發展和創新雜交水稻技術理論，在增強中國雜交水稻研究原始創新能力、持續保持中國雜交水稻基礎理論與應用研究領先地位、保障中國乃至世界糧食安全等方面，擔負重要使命。這是歷史賦予我們的重託。我們必須肩負重任，為引領雜交水稻產業的發展和保障中國糧食安全，努力做出新的貢獻。

湖南雜交水稻研究中心

現狀目前，湖南雜交水稻研究中心擁有在職職工 136 名，科研人員佔半數以上，其中具有高級技術職稱的科研人員有 60 多人，擁有碩、博士學位人員達 40 多人，是一支科研力量雄厚、學術素質較高的科研團隊。目前已發展擁有 1 個國家重點領域創新團隊、3 個省級創新團隊、8 個所級創新團隊，12 個 PI 專家團隊。承擔的科研項目在保持原有優勢的基礎上，增加了「973」計劃、科技支撐計劃和國家自然科學基金等國家重大項目、總理基金項目以及多項省、部級重點課題。已取得成果 100 多項，育成組合包括不育系 110 多個，品種權和專利 60 多項，已應用於大面積生產的成果達 70 多個，取得顯著增產效果，獲得了廣泛而巨大的社會經濟效益。在這些成果中，獲國家級獎勵 12 項、省部級獎 60 多項、國際大獎 16 項。「十五」以來，超級雜交稻的攻關進展顯著，已於 2000 年、2004 年、2012 年分別實現農業部超級稻第一、二、三期目標，2014 年首次實現大面積百畝示範片畝產超過 1000 公斤目標，標誌第四期超級雜交稻攻關取得重大突破。在分子標記輔助選擇、外源 DNA 導入、轉基因技術創新、C_4 型超級雜交稻的種質創新等方面均取得重要進展；已成功地將野生稻高產基因、玉米 C_4 等高光效光合關鍵酶基因和高賴氨酸基因轉到雜交水稻中，不僅創製和豐富了一批新種質，同時也為實現第五期超級雜交稻每公頃 16 噸（即畝產 1067 公斤）的攻關目標打下了較好的基礎。

中心在擁有科研優勢的同時，也具備學術上的權威，出版了雜交水稻中、英文專著 20 多部。其中，《雜交水稻育種栽培學》、《雜交水稻學》、*Technology of hybrid rice production* 等專著已成為國內外雜交水稻領域權威著作。《雜交水稻育種栽培學》和《雜交水稻學》先後榮獲首屆和第六屆國家圖書獎，《超級雜交稻研究》榮獲首屆中國出版政府獎。編輯出版的專業期刊《雜交水稻》在國內外具有很大的影響。

在雜交水稻日益走向世界的進程中，我們與國際上有着廣泛的交流與合作，成功舉辦和聯合舉辦雜交水稻技術國際培訓班 60 多期，主持召開了 8 次國際學術討論會，有 13 名專家被聯合國糧農組織聘請為技術顧問，200 多人次前往美國、日本、菲律賓等國家進行學術交流和指導雜交水稻研究與生產，與國際水稻研究所和美國、菲律賓、越南、幾內亞、印度尼西亞、巴基斯坦、孟加拉國和以色列等國的一些機構建立了研究與開發的合作關係，先後有 80 多個國家和地區的逾千名專家學者和 3000 多名政府官員前來訪問、交流和培訓學習。2014 年，中心已由聯合國糧農組織掛牌認定為「FAO 參考中心」，將為雜交水稻的國際發展發揮更積極的作用。

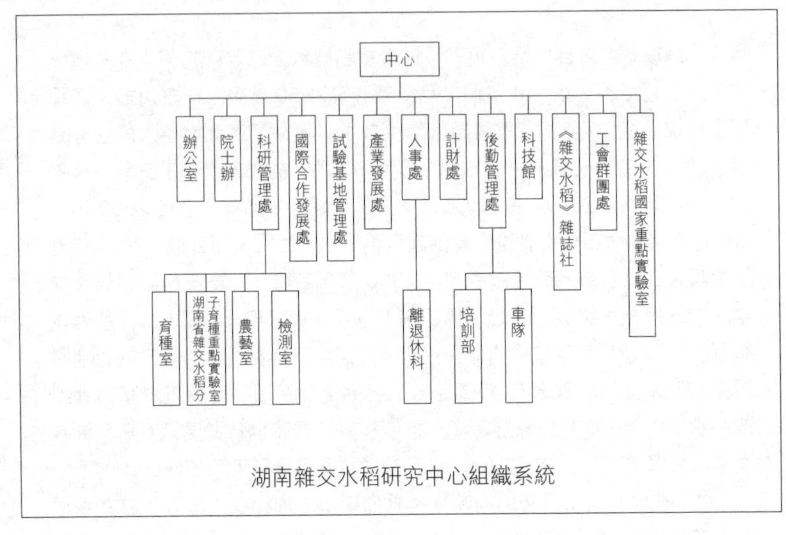

湖南雜交水稻研究中心組織系統

正是由於黨和政府的高度關注，中國的雜交水稻研究，在全國廣大農業科技人員的艱苦攻關、通力協作之下，取得領先世界近 40 年的驕人成績。湖南雜交水稻研究中心暨國家雜交水稻工程技術研究中心作為國內外研究雜交水稻的專業科研機構，已在 30 年的發展歷程中，成長為享譽國內外的雜交水稻權威研發機構。「中心」已成為享譽國內外的雜交水稻專業研究與開發機構，將秉承「發展雜交水稻，造福世界人民」的宗旨，繼續弘揚「求實、創新、奮發、進取」的精神，不斷提升創新和服務水平，向着國際性的雜交水稻研發中心、資源中心、信息中心和培訓中心闊步前進。

超級雜交稻研究

水稻超高產育種，是近 30 多年來不少國家和研究單位的重點項目。日本率先於 1981 年開展了水稻超高產育種，計劃在 15 年內把水稻的產量提高 50%，即畝產從 420~540 公斤提高到 630~810 公斤。國際水稻研究所 1989 年啟動了「超級稻」育種計劃，後改稱「新株型」育種計劃，要求到 2000 年育成產量潛力比當時產量最高的品種高 20%~25% 的超級稻，即畝產從 670 公斤提高到 800~830 公斤。但是，由於指標高、難度大和受技術路線的限制，他們的計劃現仍在努力實現中。1988 年我曾經去日本考察，他們在超高產育種方面，主要是朝着大穗大粒的方向攻關，採取秈粳交育種的途徑進行研究，在品比試驗中達到了糙米每公頃 9 噸的水平。1996 年我又去了日本，但他們還沒有實現既定的超高產的目標。他們曾在 1990 年代初，在一個很小的面積上，就是 300 平方米的面積上，有一個品種達到了接近畝產 800 公斤的水平。國際水稻研究所從 1989 年開始搞，也曾經在 1999 年宣佈實現了，但也是在很小的面積上做的實驗。

中國農業部於 1996 年立項了中國超級稻育種計劃，其中雜交稻的產量指標是：

第一期（1996—2000 年）700 公斤 / 畝（在同一生態區 2 個百畝以上的示範片，連續 2 年的平均畝產）；

第二期（2001—2005 年）800 公斤 / 畝。

1997 年，在觀察到產量潛力很大的兩系法亞種間雜交組合培矮64S/E32的優良株葉形態時，我頓悟出超級雜交稻的株型模式，並經反覆觀察、分析和思索，終於意識到超級雜交水稻必須以「增源」為核心。由此提出了每公頃日產100公斤的超級雜交稻產量指標、超級雜交稻株型模式和選育的技術路線。強調在擴「庫」的同時更要重視有效增「源」，即擴大有效的光合作用面積，增加光能的吸收和利用，避免庫大而源不足。以國際水稻研究所為代表的各國育種家，走單純形態改良的路子，沒有將雜種優勢利用與優良形態相結合，結果難以實現超高產的預期目標。兩系法亞種間雜交水稻育種技術是中國的獨創，且被實踐證明是在遺傳上具有多種增產效應的成熟的先進技術，再配以理想的株葉形態，就能達到超高產目標。

我總結得出這樣的心得：育種家必須有清醒的認識。迄今為止，通過育種提高作物產量，只有兩條有效途徑，一是形態改良，二是雜種優勢利用。單純的形態改良，潛力有限；雜種優勢不與形態改良結合，效果必差。其他途徑和技術，包括分子育種在內的高技術，最終都必須落實到優良的形態和強大的雜種優勢上，才能獲得良好的效果。另一方面，作物育種更高層次的發展，又依賴於現代生物技術的進步。

在上述認識的基礎上，根據我們的實踐，我對「中國超級雜交水稻」的研究提出了選育理論和方法，包括以高冠層、矮穗層、中大穗和高收穫指數為特點的株型模式與優良株葉形態同提高雜種優勢水平相結合的技術路線。這是兩系法亞種間雜種優勢利用與優良株型相結合的路線，也是我們獨創的超級雜交稻育種的技術路線。

高冠層，即上面的葉子很高，冠層高 1.2 米以上。矮穗層，即穗子的位置矮，成熟的時候，穗尖離地只有 60~70 厘米，由於重心降低，可以高度抗倒伏。抗倒伏是超高產的一個前提，一倒了就沒有產量；斜都不能斜，一斜了以後，葉片就相互遮陰，光合作用受到影響，養料運輸受到阻礙，就不能達到超高產。這裏涉及一個力學的公式，如一個空心的鋼管，它承受的壓力和它的高度的平方成反比，楨高 70 厘米的鋼管能夠承受的壓力比楨高 1 米的所能承受的壓力高 1 倍。所以我們現在都是冠層很高，要高點，不高不行的。但是高了以後也容易倒，所以要葉片輕，因為葉片輕，它高也不會倒；但是穗子要垂下來，這樣才抗倒伏力強。所以我們設計的超級稻的形態是：葉子是直直的，穗子是垂垂的。這是典型的高冠層、矮穗層。中大穗，每個穗重 6 克左右，每平方米有 300 個左右的穗子（每畝 4000 萬穎花數），每平方米可產 1.5 公斤稻穀，理論上說，1 公頃就是 15 噸，即 1 畝就是 1000 公斤。我們攻畝產八九百公斤的產量指標，就是按這個設計的。

水稻有兩個亞種：一是秈稻，一是粳稻，還有爪哇稻（有學者將其歸為亞種，多數認為是屬熱帶粳稻）。北方主要是粳稻，南方主要是秈稻。雲南特殊，有一半秈稻，一半粳稻。雜種優勢的高低，一般趨勢是：秈粳交 > 秈爪交 > 粳爪交 > 秈秈交 > 粳粳交。秈粳交的優勢最強，但我們目前大面積用的雜交稻是秈秈交。為什麼粳粳交雜交稻的種植面積不大？主要是因為它的優勢差一點，資源比較貧乏一些。秈粳交的優勢很強，庫大源足，根據我們的試驗，其單株的乾物質和穎花數均比秈秈交高 30% 以上。所以，利用秈粳交來提高雜種優勢水平，一直是很多專家夢寐以求的一個願望。但是，這裏面有很多的問題，人們一直未能實現利用秈粳交的雜種優勢。最主要原因是它們的親緣關係比較遠，不親和，導致雜種受精結實不正常，雖説穗子很大，但是大部分是空殼，結實率很低，一般只有 30% 的結實率。如果結實率正常的話，它的產量應當是 900~1000 公斤，所以，優勢很強但實際產量不高。

1982 年日本學者池橋宏（Ikehashi,H）揭示了秈粳不親和性及由此引起的雜種結實率低的原因，首次提出「水稻廣親和現象」假説，即一些中間型水稻材料與秈、粳品種雜交，F_1 代都能正常結實。這些水稻品種（系）被稱為廣親和品種（Wide Compatibility Variety, WCV），並將具有廣親和性的基因稱為廣親和基因。

池橋宏先生在爪哇稻品種中發現了廣親和基因，我們正是在這個基礎上，通過了很長時間的努力，為克服秈粳亞種間雜交稻結實率低的難題打開了突破口，基本上解決了這個問題。池橋宏先生曾五次來長沙，因為他的 idea 正是在中國長沙付諸實施，並取得良好實效的，所以他對長沙抱有很深的感情。他和我是老朋友。

回想一下，當年發現「鶴立雞群」的天然雜交稻，它穗大粒多，結實率高，屬於品種間雜交，所以搞雜交稻是從品種間雜交開始的。品種間雜交雖然有優勢，但優勢沒有亞種間雜交的優勢強，由於當時沒有發現廣親和基因，所以「公禾」不結實。

近年來，優勢很強的亞種間雜交稻已在中國大面積生產應用，取得了顯著的增產效果。我和池橋宏教授一直保持着良好的交流合作關係，他還熱情地應邀到中國多次講學。前不久他來長沙，我邀請他做了學術報告，他欣然應允。今天我要代表中國從事雜交水稻育種的同仁們向他表示誠摯的感謝。

按照所設計的技術路線，第一個是優良形態，第二個是利用秈粳雜種優勢，我們分別於 2000 年和 2004 年實現了第一期和第二期中國超級稻育種計劃的產量指標。我們現在能部分利用秈粳雜種優勢，就是用秈粳混合血緣的材料做親本（其中之一具有廣親和基因）進行配組，成功解決了秈粳雜種優勢利用中結實率不高的難題。

超級雜交稻的選育，為大幅度提高中國水稻的產量水平奠定了堅實的技術基礎。我中心羅孝和研究員提供母本，與江蘇省農科院鄒江石研究員合作，育成的超級雜交稻組合——兩優培九是超級雜交稻的先鋒組合。這個組合 1999 年僅在湖南就有 4 個百畝示範片，畝產過 700 公斤；2000 年有 16 個百畝和 4 個千畝示範片達標，是第一期超級雜交稻的先鋒組合。他們合作選育的另一個超級雜交稻先鋒組合 P64S/E32，1999 年在雲南永勝縣還曾創下過畝產高達 1139 公斤的紀錄。由於產量高、品質好，超級雜交稻種植面積逐年迅速擴大，近幾年年種植面積接近 3000 萬畝，其中兩優培九種植達 2000 萬畝左右，已成為全國推廣面積最大的雜交稻，平均產量達到畝產 550 公斤，比一般高產雜交稻增產 50 公斤以上。

550 公斤是個什麼概念？我在世界範圍做個比較，就非常清晰了。全世界現在有 22 億多畝水稻，平均產量是 4 噸 / 公頃，也就是畝產 260 公斤左右，這是世界平均產量。先進國家，像日本，把水稻看得非常重要，到目前為止，一半以上水稻方面的文獻都是日本科技人員的。日本全國的水稻面積大概是 2600 萬畝，平均是 440 公斤 / 畝。水稻產量最高的是澳大利亞，畝產量為 660~670 公斤，但面積小，只有 200 多萬畝。我們國家這幾年水稻平均產量是 420 公斤 / 畝，我們面積大，有 4.4 億畝。中國的單產雖比日本低 20 公斤左右，但是我們雜交稻有畝產 470~480 公斤的水平，比它高；而且我們雜交水稻面積大概是日本水稻面積的 10 倍，有 2.4 億 ~2.5 億畝。再比如印度，這個發展中國家的水稻種植面積最大，有 6 億多畝，但單產比較低，才 200 公斤 / 畝。還有許多發展中國家更低，才 100 公斤 / 畝左右。我們 3000 萬畝的第一期超級稻種植面積，比日本的水稻總面積還要大，日本單產是 440 多公斤，而我們的是 550 公斤，比它高了 100 多公斤。

我們實現了第一期雜交稻的目標之後，就集中精力地攻關畝產為 800 公斤的第二期超級雜交稻。通過大家的合作努力，第二期超級雜交稻在 2002 年進行示範的百畝片上達到了畝產 800 公斤，2003 年已經有 5 個百畝片達到了畝產 800 公斤，2004 年有 12 個百畝片和 1 個千畝片達到了畝產 800 公斤，提前一年，即在 2004 年實現了第二期超級雜交稻的產量指標。第二期超級稻，於 2005 年通過審定，2006 年開始推廣，2006 年就已經達 100 多萬畝，近幾年發展到 300 多萬畝，平均畝產為 600 公斤。在我們的千畝片、萬畝片大面積示範田裏是畝產 650 公斤到 700 公斤的水平。當然，我們都是選擇土質比較好的、技術比較強的、水利比較好的地方，才能夠達到這樣的產量水平。大面積推廣幾百萬畝、幾千萬畝，條件不可能那樣好，平均下來畝產是能夠過 600 公斤的，比第一期的超級稻高 50 公斤左右。

通過第一期、第二期超級雜交稻的研究，根據中國學者的估算，水稻的光能利用率，即作物光合作用積累的有機物所含的能量佔照射在該地面的日光能量的比率，最高可達 5% 左右；如果保守一點，將這個數字打對折，只按 2.5% 的光能利用率計算，以湖南長沙地區的太陽輻射量為例，早稻畝產可達 1000 公斤，晚稻畝產可達到 1100 公斤，中稻畝產可達到 1500 公斤。基於第一期、第二期超級雜交稻研究的成就和進展，以及水稻在理論上的產量潛力，我們又提出第三期超級雜交稻育種計劃，目標是到 2015 年實現一季稻大面積示範畝產 900 公斤。

2004 年兩會期間，我向家寶總理打了個報告，要進行第三期超級雜交稻攻關，總理批示要啟動該項研究。2006 年農業部正式立項和啟動了第三期中國超級稻育種計劃。

經過 7 年的努力，中心研發團隊按照「良種、良法、良田、良態」配套的原則，不斷探索超級雜交稻新品種與超高產栽培及生態環境相配套的技術，在高產攻關基地縣及相關企業團結協作下，取得了顯著的效果，於 2008 年、2010 年、2011 年分別跨越大面積畝產 830 公斤、870 公斤、900 公斤「三級跳」，特別是 2011—2012 年突出實施良種良法的關鍵技術，以選擇適宜發揮品種超高產潛力的攻關試驗點及其土地綜合整理、土壤地力培育、適宜生產季節種植、超級雜交稻專用肥應用等超高產配套栽培技術的綜合研究與應用為重點，成效卓著。2011 年第三期超級雜交稻先鋒組合 Y 兩優 2 號在湖南隆回縣的 108 畝示範面積上，創下平均畝產 926.6 公斤的超高產紀錄；2012 年克服不利氣候等因素影響，第三期超級雜交稻先鋒組合 Y 兩優 8188 在湖南省溆浦縣 103 畝示範面積上再次達到大面積平均畝產 917.72 公斤，這標誌中國第三期超級雜交稻目標基本實現。從 1996 年超級稻育種立項開始，每 5 年就上一個新台階，這個台階很高，示範田是 100 公斤 1 畝，大面積是 50 公斤 1 畝，我們都跨越了。我們這方面的研究一直是領先於世界水平，這是值得驕傲的。實現第三期超級稻目標後，我並不滿足。2012 年，我向農業部建議立項第四期畝產 1000 公斤的超級稻育種計劃，已被農業部批准。2013 年，農業部正式宣佈立項和啟動了這一計劃，4 月 9 日，農業部韓長賦部長專程來海南三亞，考察我們的南繁基地，他和我站在我們的試驗田中，正式宣佈啟動第四期超級稻攻關，這大大鼓舞了我們科研團隊的士氣。計劃是 2020 年實現，我們原本力爭提前到 2015 年完成這一目標。為此我們大膽假設了通過提高株高，利用優勢強大的亞種間雜種優勢，培育新型的高度抗倒的超高產組合的思路。通過我們的攻關，2013 年科研團隊首戰告捷，9 月 28 日，在湖南省隆回縣羊古坳鄉牛形村的第四期超級雜交稻中稻先鋒組合 Y 兩優 900 百畝示範片經農業部組織專家組驗收，創平均畝產 988.1 公斤的產量新紀錄。2014

年，我們再接再厲，在全國 13 個省 28 個縣市安排了攻關示範片，進行良種、良法、良田、良態，「四良」配套攻關，結果天公還算作美，儘管前期多陰雨，最後天氣還好。10 月 10 日農業部組織專家驗收在湖南省漵浦縣橫板橋鄉紅星村的 Y 兩優 900 百畝示範片，結果創平均畝產 1026.7 公斤的產量新紀錄，而且捷報頻傳，湖南隆回、祁東、龍山示範點均傳來百畝驗收畝產過千公斤的好消息，意味着取得第四期超級稻攻關的重大突破。

未來水稻畝產還有 500 公斤的潛力有待科研人員去攻關，我們將啟動以每公頃 16 噸（1067 公斤 / 畝）為目標的超級稻第五期攻關計劃。

第一期、第二期、第三期、第四期超級雜交稻多採用常規手段，第五期及今後，我們要運用到分子技術，與常規育種結合起來，合力攻關，實現更高目標的超級雜交稻。目前，我們已取得以下三方面的進展：

其一是通過分子技術，在野生稻裏面發現了兩個增產基因。野生稻有許多不良的性狀，但是裏面又隱藏了極其有利的基因。這兩個基因坐落在第一和第二染色體上，每個基因比對照有增產 17%~18% 的效應。我們已把這兩個增產基因導入栽培稻，培育了一個很好的恢復系，它比目前生產中的水稻穗子更大，粒子更多一點。我們用它來配組作雙季晚稻，在示範田中比對照增產 20% 左右。

其二是將稗草的 DNA 導入水稻，利用稗草的 DNA 創造新的水稻資源。稗草是水田中的一種兇惡的雜草，生命力非常旺盛，生長勢很強，總是除不乾淨，因此裏面必然有好的基因。但是我們不知道，哪個基因是好基因，使它的生活力那麼強？我們就把總體 DNA 都提出來，導入到栽培稻裏去，後代就發生了變異，再在田裏去選好的。就是用這樣一個粗辦法，結果就選到了一個很好的恢復系 —— RB207。原始的品種叫做 R207，而 RB207 就是具有稗草 DNA 片段的一個新恢復系。它的穗子比 R207 顯著增大，籽粒重也提高了。

其三是轉育 C_4 基因的研究。植物有兩大類，一個叫做 C_3 植物，一個叫做 C_4 植物。C_4 植物的光合效率比 C_3 植物的光合效率高出 30% 左右。水稻、小麥屬於 C_3 植物，玉米、甘蔗、高粱是 C_4 植物。我們跟香港中文大學合作，把 C_4 的四個關鍵酶基因（PEPC，PPDK，MDH 和 ME）轉到超級雜交稻親本裏去了。在轉基因 R299 群體中，部分株系的光合效率提高 5%~25%；轉基因金優 207 系列較對照的光合效率提高 6%~8%；轉基因 T 優 207 系列提高 4%~15%；轉基因豐優 299 系列提高 3%~10%。小區測產結果表明部分組合產量有 1.28%~10.9% 的增加。同時我們用具有 C_4 基因的親本來培育雜交稻，它的光合效率也有所提高，最高的增產效果可以達到 10% 左右。

由此看來，可以這麼説，我們的水稻育種仍保持着世界領先水平，走在世界前列。

三大工程

我們設立的近期發展目標是在 2020 年實現第五期超級雜交稻大面積示範每公頃 16 噸的目標，爭取提前 2~3 年實現；同時加快超級雜交稻成果轉化力度，圍繞超級雜交稻「百千萬」高產攻關示範工程、超級雜交稻「種三產四」豐產工程、「三一」糧食高產工程，推進三大工程的實施。

為確保中國未來的糧食安全，推廣超級稻寫進了 2005 年的「中央一號文件」，使我們看到黨中央、國務院是多麼重視糧食生產，這是對我們水稻科研人員的巨大鼓舞。2008 年，溫家寶總理在《政府工作報告》中提到的兩點內容令人振奮。第一，中國去年糧食產量超過 1 萬億斤，也就是人均 800 斤左右，這樣溫飽就沒有問題了。第二，在科技成果方面專門提到了「超級雜交水稻」。溫總理指出，基礎科學和前沿技術研究得到加強，取得高性能計算機、第三代移動通信和超級雜交稻等一批重大創新成果……這給予了超級雜交稻研究成果以極高的評價，我們更應響應中央的號召，使這一擁有自主知識產權的成果真正地造福於人民。溫家寶總理在《政府工作報告》中還講到，2009 年要千方百計爭取農業有個好收成，努力增加農民收入，推進社會主義新農村建設。每一年，重視農業、農民、農村這一「三農」問題已經成為「中央一號文件」的專有名詞。大力發展糧食生產，保障農產品供給，切實穩定糧食種植面積，提高單產水平都擺在「三農」工作的首位。特別是 2014 年「中央一號文件」明確提出抓緊構建新形勢下的國家糧食安全戰略，這讓我感到十分受鼓舞，同時感到責任重大。

針對中國人增地減的嚴峻形勢和超級雜交稻取得的重大進展，我於 2006 年年底提出了實施「種三產四」豐產工程的建議，就是充分應用第二期超級雜交稻的技術成果，力爭用 3 畝地產出現有 4 畝地的糧食總產。提「種三產四」這個名稱，目的是為了將這個增產目標和標準明確化，使其通俗易懂好記，充分調動種糧農民的積極性和各部門的熱情。

前兩年，我在開「兩會」期間，聽到要把人口增長控制在每年增長 1040 萬，即每年增長 0.8%。發展中國家的城市化、工業化，總要佔耕地修機場、鐵路，人增地減，怎麼辦？第一，計劃生育要嚴格地執行下去，控制人口的增長；第二，保護耕地，應有嚴格的政策，不能濫佔耕地；還有就是要通過科技進步，提高單位面積產量。按照「種三產四」的理念，通過政府、科研機構、企業「三管齊下」，用 5 年時間推廣 6000 萬畝，產出 8000 萬畝的糧食，節餘 1/4 也就是等於增加 2000 萬畝糧食耕地，可多產 200 億斤糧食。這樣一來，既增產了糧食，又為農民致富創造了條件。

從近幾年推廣超級雜交稻的情況看，「種三產四」在技術上已經成熟。例如浙江金華市的千畝示範片平均畝產為 657 公斤，湖南溆浦縣 1.2 萬畝畝產過了 700 公斤，自然條件較差的貴州黔東南自治州 10 萬畝平均畝產在 600 公斤以上。因此我向湖南省領導建議實施該項目，得到了他們的高度重視和支持，採納了我的建議，並於 2007 年率先在省內 20 個縣啟動實施。每個縣有 300 畝到 400 畝的示範片，其中有雙季早、晚稻，一季中稻和一季晚稻。經專家驗收，有 18 個縣達標，增產的幅度是 33%；有 2 個縣沒有達標，但增產的幅度還是比較大的。以 7 個中稻示範縣為例，超級雜交稻的平均畝產為 715 公斤，3 畝地的產量為 2145 公斤；而前 3 年該示範片的平均產量為 508 公斤，4 畝地的產量是 2032 公斤。可見，超級雜交稻 3 畝地的產量比原來 4 畝地的產量還要多出 113 公斤。此外，安徽有 2 個示範片，浙江、四川、河南和貴州各有 1 個示範片達標。

2008 年，「種三產四」的示範面積比 2007 年擴大了 10 倍左右。在 20 個示範縣中，有 19 個縣達標，其中中稻 7 個縣示範面積為 35486 畝，平均單產 731.8 公斤，比前 5 年平均單產增加 45.72%。有不少縣在千畝、萬畝示範片的基礎上達到或超過了「種三產四」的指標，即單產和總產均比前 3 年的高 1/3。

2008 年我還在政協第三次常委會議上做了「建議實施超級雜交稻『種三產四』豐產工程」的發言，目的是希望國家立項，更有力地調動大家推廣超級雜交稻的積極性。

2009 年我們將實施項目的工作進一步加大了力度，由於各地要求參加項目示範的積極性大大提高了，我們在湖南省將示範縣增加到 32 個，核心示範面積擴大到 23 萬畝以上。到 2014 年已經發展到 1100 萬畝，我們計劃到 2016 年湖南省推廣 1500 萬畝，產出 2003 年的 2000 萬畝的糧食。節餘 1/4 也就是等於增加 500 萬畝糧食耕地，可多產 20 億公斤糧食。現在，安徽、河南、廣東、廣西、雲南、貴州等省也都在積極地開展「種三產四」豐產工程。在落實「種三產四」豐產工程項目的具體措施上，我們主張的核心內容就是把最好的品種和栽培技術整合起來提高單產。要提高糧食單產，只能依靠科技，其中，「良種 + 良法 + 良田 + 良態」的配套應用十分重要。儘管我們已經接連實現了畝產 700 公斤、800 公斤的超級雜交稻研究目標，但在實際中，數以億計的農民並不像我們一樣能種出如此高產的水稻，兩者相差 100 至 200 公斤。重視「良種 + 良法 + 良田 + 良態」的配套，其中良種是高產的核心，中國現已培育出數十個超級稻品種，條件具備。良法是奪取高產的手段，包括栽培技術、水肥管理、防治病蟲害等措施，其中合理用肥是非常重要的一環。現在肥料方面有一個很大的改進，就是緩控肥的推廣應用，這對作物的高產、高效和環境友好具有重要意義，因此，應予以大力宣傳和推廣。良田和良態好理解，就是田塊與生態環境要好，適合水稻生長。良田是高產的基礎，中國至少有一半以上的耕地是中低產田，可喜的是，國家投入了巨額的資金正在進行農田水利基本建設和改造中低產田，從而能為作物的高產、穩產奠定更好的基礎。

我認為，「種三產四」豐產工程是利國利民的好事。這項工程是一個系統社會工程，涉及廣大農戶，有千家萬戶參與，由農村基層幹部具體負責組織實施。其特點是涉及面廣、受益面大，參與人員多，認真組織好、實施好，帶來的效益將遠遠超出增產糧食的預期目的，將促使超級雜交水稻的超高產潛力變成大面積的現實超高產，真正讓農民增產增收，為保障國家糧食安全做貢獻。湖南的率先啟動，已取得了很好的成效；周邊省份有些區域，如河南信陽、安徽蕪湖、四川郫縣等，因積極參與也取得了顯著的成效。由於「種三產四」在技術上成熟可行，增產目標明確、口號具體而且形象，更多的省、市、縣（除上述湘、皖、豫以外，還有桂、鄂、浙、黔、滇）紛紛來函或領導親自到我中心，要求作為示範點加入到「種三產四」的豐產工程、「三一工程」實施項目中來。因此我仍然向農業部、科技部建議，將其作為國家水稻高產創建項目的內容，加大力度實施。

近年我還提出發展「三一工程」，「三一工程」即通過應用超級雜交稻技術，三分田年產糧食 360 公斤，足夠一個人全年的口糧的工程。湖南省的目標是在高產區力爭到 2020 年發展到 1100 萬畝（約佔全省五分之一的耕地）產出能養活全省一半人口的糧食。從 2012 年以來，近兩年在廣西、廣東等多地多點試驗示範，均已取得初步成功。

培育和推廣超級稻的目的是大幅度提高單產和總產。目前，第一期超級雜交稻近年來的年種植面積曾達到 3000 萬畝左右，平均畝產 560 公斤左右，比一般的高產品種畝增 50~100 公斤，增產效果十分顯著；現在，第二期的超級雜交稻大面積推廣以來，已達到年種植 1500 萬畝，一般畝產 650 公斤左右。我們來算一筆賬，如果實施「種三產四」豐產工程、「三一工程」實現了預定目標，到 2012 年發展到 1 億畝，按畝增 150 公斤計算，每年可為國家增產糧食 150 億公斤，能多養活 5000 萬人口，將為 2020 年全國增產 1000 億斤糧食挑重擔。如果按推廣 2 億畝估算，那麼，一年內可以為國家增產300億公斤糧食。300億公斤是個什麼概念呢？湖南是個糧食大省，它全年的糧食總產量，包括水稻、小麥、玉米、紅薯等，還只有250億公斤，也就是說，可以超過一個農業大省的全年糧食總產量，可以再養活7000多萬人口。

學科積累與人才培養

農學，是應用科學。「水稻雜種優勢利用」，它最終成果的基本表現形式，是可以在農業上應用的技術產品。但從另一方面說，「水稻雜種優勢利用」又是一門科學，是農學與遺傳學「雜交」出來的分支學科。這裏有必要從學科的角度，回顧一下自己走過的路。

(1) 1961年，我在安江農校試驗農場的早稻田中發現了一株鶴立雞群的稻株。第二年根據其子代的分離與退化現象，我認定它是一株「天然雜交稻」，由此萌發了人工搞雜交水稻的想法，確定了未來的研究方向。這一選擇的學理根據是孟德爾－摩爾根遺傳學的理論。

(2) 1966年在《科學通報》上發表〈水稻的雄性不孕性〉論文，在中國學術界屬第一篇關於雜交水稻研究的論文。

(3) 1977年，發表論文〈雜交水稻培育的實踐和理論〉，是經過總結10多年育種實踐經驗和反覆理論思考而撰寫的。文章是對雄性不育和「三系」關係的解釋，從另一個角度說，是我進一步明確水稻存在雜種優勢思想的闡釋。

(4) 1988 年出版專著《雜交水稻育種栽培學》，對三系法雜交水稻的理論、技術、經驗和問題進行總結和闡述，是雜交水稻學科的奠基之作；2002 年出版的《雜交水稻學》則是對前者的進一步的提高和完善。

(5) 1987 年在〈雜交水稻育種的戰略設想〉論文中，提出雜交水稻育種由三系法到兩系法到一系法和從品種間到亞種間到遠緣雜種優勢利用三個發展階段的戰略設想，現在回頭來看，雜交水稻正是沿着這一方向發展的。到 1997 年，在《雜交水稻超高產育種》論文中對超級雜交水稻理論和選育技術路線的闡述，我認為這表明我們在這一領域中科學預見能力進一步強化。

(6) 1995 年由聯合國糧農組織出版 *Technology of hybrid rice production*，這是國際上雜交水稻研究領域的第一本專著。

現代技術是以現代科學為基礎的，雜交水稻從起步到目前的發展的長期實踐，都說明了這一點。要保持雜交水稻事業發展的後勁，我們今後更要十分注意學科的積累。

現在來看，我們雜交水稻的研究力量是很強的，成果在國際上一直處於領先地位。種水稻的省，有水稻的地方，都有搞雜交水稻的研究人員。我們雜交水稻研究中心就有 100 多個在職職工，其中高級研究人員就有 60 多個，擁有博士學位的 20 多個，而且大部分都是中青年，40 歲左右的。

我一貫認為人才是事業成功的保證，因此，要特別重視人才的培養。當年水稻的雄性不育性研究還剛剛起步的時候，我從安江農校畢業學生中，挑選出李必湖與尹華奇當助手。我強調他們不僅要重視既有專業知識的學習，還應放眼了解世界科技信息，因此我要求他們一定要學習英語。我平時擠出時間給他們上輔導課，持之以恆，從不間斷。到了20世紀70年代初期，雜交水稻三系剛剛配套，我就把他倆先後送進武漢大學和湖南農業大學深造；後來還將他們多次派到國外傳授雜交水稻技術。現在，他們都已晉升為研究員，成為雜交水稻研究領域的技術骨幹。

20世紀70年代開展協作的時期，需要無所保留地傳授水稻雜交技術的經驗和心得，我就經常架起小黑板，給來取經的協作人員講課。後來一大批來自全國各地的雜交水稻技術人員，如羅孝和、周坤爐、黎垣慶、郭名奇、朱運昌等人，都迅速成長為雜交水稻專家。

雜交水稻研究是一項遠大的事業；需要代代有傳人。雜交稻技術的繼承和創新，更重要的是要建立一支科研梯隊；同時，人才要多渠道持續培養。「十年樹木，百年樹人」，急於求成、拔苗助長是培養不出高素質人才的。必須看到，未來的農業科技，如果僅靠常規技術就會落伍，必須與現代生物技術結合起來，才可能佔領雜交水稻科研的前沿陣地。因此，就必須不遺餘力地加強對高精尖技術人才的引進和培養。

在人才隊伍建設方面，多讓年輕人繼續學習和參加國內外的學術交流，這一點很重要。要創造環境使他們在學術上有建樹、在科研上有成果，德才兼備，成長為學術帶頭人。培養人才我主張採取「送出去、請進來、傳幫帶」等多途徑的措施。現在，國家雜交水稻工程技術研究中心已形成了高水準的科研梯隊，高級研究人員已超過 60 名，佔科研人員總數的一多半；同時，相繼成長起一批博士、碩士，為提高科研水平、保障持續發展的後勁積蓄了後備力量。

湖南雜交水稻研究中心成立後，我從美國洛克菲勒基金會為中國爭取到了生物學獎學金資助名額，送出了謝放鳴、肖金華、李繼明、符習勤、袁定陽、段美娟等多名研究人員赴美國、澳大利亞或香港深造，讓他們一面繼續學習，一面利用境外設備進行研究。有人擔心人員輸送出去不回來。我認為要把眼光放長遠點，只有把人家先進的技術學過來，才能把我們的技術水平提高。優秀人才的成長需要廣闊的自由天地，讓他們都窩到我的手下，受着我個人的思想束縛，怎麼超越和發展呢？更何況他們出去了，一是為國家增光了，二是有利於在世界上推廣雜交水稻，這是有利的事情。出去留學的博士們也十分努力，做出了突出的成績。如 1995 年，肖金華首次在野生稻中發現了兩個重要的數量性狀基因位點，每一個基因位點具有比現有高產雜交稻品種威優 64 增產 18% 的效應，該研究結果已在 *Nature* 上發表。其後，肖金華與中心的鄧啟雲研究員合作，繼續研究，已通過分子標記輔助選擇技術，將這兩個數量性狀基因轉到了栽培稻中，培育出了增產效果明顯的組合。

除此以外，搞科研不要有門戶之見，要充分激發科研人員更好地釋放自主創新能力。我認為在培養青年人才、鼓勵創新上，應採用更有力度的激勵機制。1987 年，我把獲得聯合國教科文組織科學獎的獎金 1.5 萬美元捐出來，以我本人的名義建立「雜交水稻獎勵基金」；後又捐出包括「世界糧食獎」

12.5 萬美元等在內的更多獎金，並更名為「農業科技獎勵基金」。我的初衷就是既獎勵為雜交水稻的研發做出傑出貢獻的單位和個人，也鼓勵那些在更廣範圍熱愛農業科技的人。

我們在與美國水稻技術公司的長期合作中，公司每年都付給我合作顧問費，我也把它捐出來，專門用來資助科研人員，特別是年輕人，支持已有苗頭和潛力的項目研究。每年幾乎都有幾個課題獲得 2 萬 ~5 萬元的資助。這項基金不但支持本單位的科技人員，也扶持其他單位的科研人員。如福建農業大學的一位博士後，開展多倍體水稻育種的探索性研究，因苦於經費不足而幾乎停滯。我得知後，專門撥出一筆經費，鼓勵他取得成果。湖南農業大學和湖南農科院水稻研究所各有一位青年科技人員，也連續 3 年獲得資助。

現在，研究中心隊伍中 30~40 多歲的人都成長起來了，有了一批博士，其中一些已經有了研究成果，很不錯的。他們都能專心致志地搞研究。雖然時下潮流中有向錢看的傾向，也有人總想往大城市跑，想升官發財，想下海做生意，等等。人各有志嘛，不能強求。他們有選擇的自由，有的下海做生意去了；有的被另外的企業高薪聘請，也是去搞品種研究。有的走了之後後悔，說在袁老師下面工作最好，感到在我的下面工作有種親切感。我對他們有要求，但是也很關心他們，從來沒有以領導、上級的身份對待過他們，而出去到其他機構以後就純粹是上下級關係：我給你工資，你給我做工作。

說老實話，誰如果獻身農業，卻要想成為百萬富翁，或者地位很高的什麼官，是不可能的。但是他作為科學家，會受到人們的尊重，也能夠得到一些科技方面的獎勵，在心理上有安慰。他也許不當官，卻可以是教授、研究員，在現代社會，教授、研究員也是比較受社會尊重的。我現在想培養接班人，物色學術帶頭人，我想總會有的，而且肯定會青出於藍而勝於藍的。我現在精力有限，每年只培養 1~2 個博士生。我的學生多數是能下田的，曬得很黑的，他們以事業為重，不怕辛苦和勞累，很可愛、很不錯的。

科技人員是個大群體，打硬仗要有過硬的團隊，其中最重要的是學術帶頭人。學術帶頭人應該有戰略頭腦，領導研究工作一步一步向前走。如果戰略搞錯了，再拚命，結果還是要打敗仗。雜交水稻的發展分三個階段的戰略設想，經實踐證明至今還是正確的。作為經驗之談，希望青年一代要意識到這一點。

我要強調説明的一點是，我培養研究生並不太看重分數，要看這個人的科研素質，就看他肯不肯下田。實驗室和電腦前的工作固然重要，但最重要的是下田，頂着太陽，趟着泥水，下田，實幹，實踐出真知。培育新品種是應用科學，書本上、電腦裏種不出水稻！不管是毒日頭，還是狂風暴雨，每天必須到田裏去，把腳站在稻田裏，去認識水稻，了解水稻，要熟悉到進了稻田一眼望去就能分辨是哪個品種，它有什麼樣的「脾氣」，一如區分自家和別家的孩子。

每天堅持下田是我長期以來養成的習慣，下田好啊，看綠色，曬太陽，呼吸新鮮空氣，這樣不會缺鈣。關在屋子裏手腳發癢，下田搞試驗才有樂趣。

對「轉基因」的看法

分子技術與常規技術相結合是今後的發展方向，轉基因技術是分子技術的重要方面，我們國家對轉基因技術的研究投入很大，取得的成果也比較多。2007 年我在深圳曾經看過抗蟲轉基因水稻的試驗，那個對照全部被縱卷葉螟危害了，但轉基因水稻卻一株都沒有，百分之百地抗蟲。因此，我認為對「轉基因」所帶來的一切不應絕對化，不應一概而論。有些轉基因生物品種，如抗蟲棉，屬非食用的轉基因作物，並不會對人構成毒害，所以沒有關係，其實早已在國內外大面積推廣應用。還有進口大豆，我們國家近年進口 2000 多萬噸，是抗除草劑的，也沒有很大的安全性問題。目前抗蟲、抗病轉基因水稻品種最為敏感，因為它的抗蟲基因是來自細菌的一種毒蛋白基因，人們自然很擔心它的安全性。理論上講沒有關係，但要持慎重態度。現在用小老鼠做試驗沒有發現問題；但又不能用人做試驗。怎麼辦呢？我就講要找自願者來做試驗。我呢，願意第一個報名做自願者食用，也號召年輕人來吃，這是為科學的獻身。人吃了，他本人沒問題，他的孩子也沒問題，那就安全了。目前，國家對含有毒性基因的抗病、抗蟲轉基因食用生物品種，准不准許投入生產應用，十分謹慎，要求對其安全性進行嚴格的、科學的分析和深入的研究。我認為是對的，研究上應該積極，推廣應用應該謹慎，待得出肯定結論後，才能做決定。轉基因生物品種有很多，有些食用的轉基因生物品種卻不存在安全性問題。例如，我們已把光合效率高的玉米 C_4 基因轉入到水稻，這種轉基因的 C_4 型水稻，光合效率和產量都有所提高，並且米質也很好，人們可以放心大膽地用來做主食。因為玉米也是糧食，C_4 基因全無毒性。

雖然中國的雜交水稻技術目前在國際上領先，但如果不加強分子育種技術研究，短則 5 年，長則 10 年，中國的雜交水稻技術就要落後國際水平了。中國超級稻第五期以後的研究，都將結合分子技術的應用。我認為，今後利用生物技術開展農作物育種，是農業科技的發展方向和必然趨勢，轉基因技術是分子技術中的一類，因此，必須加強轉基因技術的研究，沒有技術就沒有地位。對待轉基因產品，科學慎重的態度並不是拒絕的態度。

總而言之，我認為，「轉基因」生物技術是科學發展的必然，將來的科學發展一定要將傳統技術與現代分子生物技術相結合，二者相輔相成，就一定能創造出產量更高、品質更好、抗性更強的各類生物品種。

改革開放帶來發展變化

中國的改革開放是一項偉大的工程。改革開放 30 多年，我們國家實力大大增強，對於我們科技人員而言，最明顯的體會就是科研經費增加很快。我們的科研經費原來少得可憐，1960 年代只有 400 元科研經費，後來增加到每年有 2000 元，這就算好了。到了 80 年代初，每年就有 2 萬元的經費，那相當不錯了，我們滿意了。80 年代後期兩系雜交稻被列為國家「863」計劃生物領域裏的一個重大專項，經費就更多了，一年 1000 萬元。我們從來就沒想到過，是個天文數字！當然，不是我們一個單位，而是全國 20 多家單位共享。我當時是首席專家，經費大大改善，我們可以用這些錢把試驗田搞好，水利條件、土壤狀況、田間道路等都可大大改善，實驗大樓武裝起來，人工氣候室建起來，條件和設施越來越先進。比如我們搞育種的周期很長，想要進展很快，可是又不能加班加點，也不能拔苗助長。其他領域的有些研究白天幹不完，可以晚上來；而我們搞育種的就不行，你加班加點它又不會長，要有耐心。一個品種要八個世代才能成功，怎麼辦？我們從 70 年代起就去海南島搞南繁，可把一年變兩年用。後來建溫室和人工氣候室，有人工氣候室後只要兩年半就可以搞出品種來，周期縮短了。現在人工氣候室可以調節溫度，濕度可以控制，原來是做不到的，也沒有設備；現在國家富起來了，我們科研單位條件也好了很多。

2007 年年初我隨家寶總理訪問菲律賓。總理在一次報告中説，我們國家經濟狀況發展很快，2006 年中國財政收入達到 3.9 萬億元，一年增長了 7000 億元，這 7000 億元相當於 1996 年全國全年的財政收入。這説明中國經濟實力大大增強了。現在我們的科研經費由國家、省、企業等不同渠道而來，更有條件來武裝儀器設備，改善職工的住房和生活條件。

同時，交通工具也發生了巨大變化。就拿我們下田所用的交通工具來講，從播種到收穫，只要田裏有稻子，除了出差，我幾乎每天都要到田裏去看禾苗的生長情況。最開始是步行；後來是騎自行車；再後來到 80 年代後期，就騎摩托車；到 90 年代中後期，自 1999 年起就開小車了，直到現在。這說明我們國家經濟發展蒸蒸日上，原來是計劃經濟，連買自行車還要憑票才買得到，後來就有摩托車，然後就有小汽車，這個變化是巨大的。

1970 年代搞雜交稻研究時很艱苦，沒有多少科研經費，我們出差，坐火車不敢坐臥鋪，只能坐硬座熬夜。現在大大改善了，到哪裏去都可乘飛機。原來從湖南安江到海南三亞，最起碼需要 5~7 天，由汽車轉火車，再由火車轉輪船；現在乘飛機 2 個小時就到三亞了。國家經濟有了較大的發展，是我們原來料想不到的。

另外，科學技術發展取得突出成就。雜交水稻研究成功後，於 1976 年開始大面積推廣。1978 年召開的全國科技大會，鄧小平同志在會上指出，知識分子是腦力勞動者，也是工人階級的組成部分。這一點讓我感觸特別深。要知道「文革」中知識分子是受壓制的「臭老九」，現在揚眉吐氣了，心情感到特別舒暢。鄧小平同志提出的第二點是科學技術是第一生產力。作為一名科技工作者，我感受到巨大的鼓舞，特別是提高了我們的認識水平，為努力工作增添了新的動力。

我們國家的科學技術總的來說還落後於許多發達國家，但是改革開放之後，各方面都在追趕，有的地方趕上了，有的地方甚至還超過了歐美日。比如雜交水稻和高鐵技術，這是我們擁有自主創新知識產權的。還有我們的「兩彈一星」、航天技術，也很先進。原來我出國，人家都瞧不起中國人；現在不同了，刮目相看。原來有位菲律賓大使，後來又在泰國做大使，姓黃，他說「弱國無外交」，過去窮，六七十年代的時候中國人都是受人欺負的；現在發展了，外國人也覺得中國人了不起！泰國有很多華裔，過去都不説自己是中國人；現在反過來了，都要説我的祖先是中國人！中國的發展説明中國人是勤勞、有智慧的，中國是「文明古國」，這個榮譽稱號是受之無愧的！

就農業技術而言，日本人在水稻研究上是頗有成就的，他們 1981 年提出搞超級稻，計劃到 1995 年畝產達 800 公斤，但這一目標現在還沒實現。日本人非常驕傲，經常瞧不起中國人。但我們國家後來居上，日本人來我們這裏參觀時，在事實面前不得不折服，豎大拇指説「你們走在我們前面，我們要向你們學習」。我們現在是在大面積上達到 15 噸 / 公頃，即畝產 1000 公斤的產量，正在攻關 16 噸 / 公頃，即畝產 1067 公斤的產量。

歷年全國雜交水稻面積、產量情況統計表

年 份	面積（億畝）	佔全國耕地面積（%）	產量（公斤/畝）
1977	0.31	5.82	359
1978	0.64	12.40	357
1979	0.75	14.76	351
1980	0.72	14.21	353
1981	0.77	17.15	355
1982	0.76	16.93	391
1983	1.01	20.32	425
1984	1.33	26.76	427
1985	1.26	26.19	432
1986	1.34	27.68	440
1987	1.64	33.82	441
1988	1.90	39.58	440
1989	1.95	39.79	441
1990	2.39	48.18	445
1991	2.64	53.99	438
1992	2.32	50.86	442
1993	2.31	51.33	445
1994	2.32	51.29	445
1995	2.45	53.07	454
1996	2.52	53.53	461
1997	2.60	54.54	468
1998	2.49	53.24	470
1999	2.53	53.29	466
2000	2.32	51.53	453
2001	2.36	54.51	460
2002	2.39	56.52	465
2003	2.37	59.69	438

（本表數據來源於農業部農業技術推廣中心統計數據）

關注國家和全球的糧食安全問題

雜交水稻誕生在中國，起源於湖南，湘西雪峰山下偏僻的安江農校是她最初成長的搖籃。雜交水稻發展到今天，歷經40餘年，到目前為止，在中國這片土地上，累計增產約6000億公斤。如果按照每年每人消耗500斤計算，那就等於解決了20億人口一年的吃飯問題。雜交水稻為中國在不足世界10%的耕地上養活佔世界22%的人口發揮着重要作用。

作為農業大國和人口大國，中國的糧食問題向來受到世界的關注。1994年9月，美國世界觀察研究所所長萊斯特·布朗出版了《誰來養活中國人》一書。書中先假設中國在1990年至2030年期間將持續快速地推進工業化，這將大量侵佔農田，水資源短缺日益嚴重，加上每年新增的人口，人多地少的矛盾更為突出，糧食將無法自給。他在書中預測：到2030年，中國人口將達到16.3億左右，按人均每日8兩飯計算，需要糧食6.51億噸；與此同時，中國的耕地面積還在以每年數百萬畝的速度減少。屆時，中國糧食生產將下降到2.73億噸，需要淨進口糧食3.78億噸，從而引發全球性的糧食短缺和糧價暴漲。因此他得出結論，飢餓的中國將不僅帶給本國眾多的社會問題，而且還將影響世界。比較近期的預測是到21世紀初，中國可能必須從國外進口大量的糧食，會引起世界糧價的上漲和糧食短缺，將造成全球的糧食恐慌。他的結論是沒有哪個國家能夠養活中國人，因此書的題目本身就含着一個大問號：未來誰來養活中國人？

布朗，這位美國經濟學家，我在加拿大開會時曾經見過，他不認識我。我們吃飯時坐不同的桌子，有個朋友指給我看，說那就是布朗。他是很深沉的一個人。他寫書的論證是非常充分的，他對中國的情況了如指掌，人口增長多少，土地每年減少多少，水資源狀況，等等。布朗是出於好意，他以一種 Wake up Call（警世的呼喚）的精神，提出了一個現實的問題，希望起到警示的作用。他呼喚各個國家的領導人，不要拿經費來備戰，製造兵器，而是要重視糧食生產，發展農業。

但布朗的最大弱點，是對科技進步對提高農作物生產力的巨大潛力估計不足。而恰恰農業科技進步是支持糧食增產的第一生產力。當時我看了他寫的書，關於科技進步，他也說到了。他說第一點，首先很多人把希望寄託在基因工程上，但基因工程搞了 20 年，對提高作物的產量還沒有看到明顯的貢獻。第二點，是把希望寄託在國際水稻研究所的超級稻上面，結果國際水稻研究所的超級稻也暫時沒搞成。他寫書的時候，還不知道我們中國要啟動超級稻計劃。事實上，通過科學技術的進步和運用，水稻的產量可跳躍式不斷登上新台階。近 15 年來，我們已實現了第一期畝產 700 公斤、第二期畝產 800 公斤、第三期畝產 900 公斤、第四期畝產 1000 公斤目標攻關的超級稻目標。現正在向第五期每公頃 16 噸的目標攻關。水稻如此，其他糧食作物同樣具有美好的發展前景。提高農作物產量在技術上的潛力很大，而每一項技術進步都能對增產糧食和保障糧食安全發揮重要作用。

因此，從水稻育種的角度而言，依靠科技進步和合理的人口政策，中國人完全有能力養活自己，並且中國的雜交水稻還能為解決世界糧食問題做出貢獻！

21世紀早已來到，布朗的預言沒有成為現實，中國人不僅能夠吃得飽，而且能夠吃得越來越好；中國不僅改變了糧食缺口大國的形象，而且成為第三大糧食援助捐贈國；中國不僅沒有成為世界的威脅，而且為世界的糧食安全做出了越來越多的貢獻。面對布朗先生的提問，我們可以鄭重地回答：「中國人不僅能依靠自己解決吃飯問題，而且還可以幫助發展中國家解決糧食短缺問題。」

2004年，糧價稍漲，社會上立時引起一陣騷動。那年3月，在全國「兩會」上，我做了一個《高度重視中國糧食安全問題》的發言，提出了4點建議：一是堅持自力更生為主的糧食安全戰略；二是充分發揮科技對糧食安全的保障作用；三是切實保證一定規模的糧食播種面積；四是切實保護和提高農民的種糧積極性。

受耕地減少、水資源短缺、人口增加、自然災害頻發等因素影響，全球糧價上漲，糧食安全警鐘再次敲響。聯合國糧農組織説，至今已有37個國家爆發糧食危機，海地總理更是在危機中倒台；一些糧食出口國採取了限制出口的措施。

我同意國際糧價上漲將是未來長期的趨勢的判斷。現在汽油、石油價格飛漲，人們必然要尋找替代能源：美國生產酒精用玉米做原料，此外還有其他一些國家也用玉米生產酒精，這是糧價上漲的重要因素之一；再有，隨着人口增長，人們加大了對糧食的需求，因此人口增長也是導致糧價上漲的重要因素。

糧食產量的增長速度跟不上人口增長與能源價格上漲的速度。如果能跟上，糧價就跌下來了。

糧食為萬物之首，糧價是百價之基。糧價的上漲，很快便帶動了肉、奶、蛋、油等其他食品的價格上漲。糧價，成了人們關注和談論的焦點。世界銀行的統計數據表明，過去幾年，國際市場小麥價格上漲了181%，食品價格整體上漲了83%。糧食價格的暴漲，引得許多國家釋放儲備糧以取利，最低時導致世界糧食儲備降到30年來的最低點，只夠維持53天。

當然，讓不少人驚訝的是：這次世界糧荒對中國卻沒有明顯的影響。中國的糧食儲備佔當年糧食消費總量的比例已超過了35%，大大高於聯合國糧農組織17%~18%的糧食安全線。中國現在擁有1.5億至2億噸的儲備糧，比世界平均水平高出1倍。

2006年1月1日開始，聯合國停止了對華進行糧食援助，標誌着中國26年的糧食受捐贈歷史已畫上了句號，並且成為世界上重要的援助捐贈國。中國以佔世界不到一成的耕地，養活了佔世界兩成多的人口，可以說是世界的一大奇蹟！中國是人口大國，糧食安全始終是關係國計民生和社會穩定的大事。水稻是中國的主要糧食作物，稻穀在糧食安全中具有特殊重要的地位。中國多一點糧食不怕，若少一點糧食，你試試看？在我們這個擁有10多億人口的泱泱大國，決不會出現真正意義上的糧食過剩。有資料顯示，中國只要有5%的糧食供給波動，就會對國際糧食市場產生重大衝擊。而且但凡有點國家安全意識的人都會明白，糧食，在某種程度上不單單是商品，它還是一種重要的軍事和政治意義上的戰略物資。過分依賴國際市場，就會受制於人，等於把自己的脖子伸出來任人宰割；關鍵時刻，一粒小小的糧食，將絆倒巨大的中國。糧食問題始終是戴在我們頭上的一道「緊箍咒」，並且只能依靠中國自己來解決。13億人口的大國，雖然儲備了一些糧食，但我認為目前不能盲目樂觀，不能掉以輕心。糧食始終是戰略物資，要適當地有所儲備。在中國當前工業化、城鎮化和現代化加快發展的時期，保護耕地與發展用地的矛盾已十分尖銳，中國的科學家必須要研究出辦法，讓農民在中國因城鎮化日益減少的耕地上，用更少的田種出讓更多人吃的糧食，這就要依靠科學技術的力量。依靠科技進步提高糧食的單位面積產量，就是我們的必然選擇！因此，提高產量，也就必然始終作為雜交水稻育種的第一目標。中國的超級雜交稻研發，理應不斷地把產量提高到更高的水平，並繼續為保障糧食安全發揮重要作用。

還有非常重要的兩條，第一條就是國家對於保護耕地要有一個硬性的規定，絕對不可以亂佔耕地，要用一種非常強硬的法規定下來。保護18億畝耕地紅線，這是基本國策，也要以法律的規章制度定下來。第二條是要提高農民種糧的積極性。科學技術潛力是有，如果政府不重視，如果推廣體系不好，如果農民不願意種田，即便有再好的技術，也無用武之地。我深深地記得一件事，有一次我們去驗收超級稻，有一個農民跑來對我說：「袁老師，我看到你好高興啊！我種了一輩子的水稻，從來沒有這麼高的產量！我很感謝你，你真的給我們做了好事，我們崇拜科學家，恨貪官！但是我們也有怨氣，你讓稻穀增產，可稻穀多了價格又下來了，我們還是不賺錢。」現在已面臨這麼一個問題，農民覺得種糧沒有效益的話，就會拋荒，青壯年農民都外出打工，留一些老弱病殘在家裏，穀賤傷農啊！

面臨着這麼嚴峻的問題，我要警示性地呼喚，希望全社會都要重視農業生產，重視糧食生產。如果農民不願種糧食，大家就沒有飯吃了。中國幾千年的歷史寫着：餓死人是與社會動亂聯繫着的呀！要多出台一些惠農政策，現在已經有了不少好政策，但是我認為還不夠，特別是糧價相對來講還是有點偏低。怎麼辦？糧價不能漲，但又應該額外地補償一些，讓農民得到好處，這才是最好的辦法，可以調動農民的積極性。

我認為，與推廣超級雜交稻相配套的措施，就是要保護農民的種糧積極性。為了保護農民種糧的積極性，國家出台和實施了多項惠民政策，如糧食最低保護價、糧食直補、良種補貼等等，對促進糧食生產起到了一定的作用。但是力度不夠大，種糧農民的收入仍相當微薄。國家應加大力度出台更優惠實效的惠農政策。現在中國的糧食定價最高時能到 80 元 / 擔，最低時只有 30 元 / 擔。根據湖南省物價局的調查統計，2010 年湖南省每畝稻田的純收益僅 186.2 元，其中還包括國家糧食直補的 104.1 元。這樣種糧農民想致富根本不可能，難怪有些農民寧願拋荒。此外，現行的種糧補貼政策是按田畝為單位計算的，如湖南省 2010 年每畝稻田補貼 104.1 元，高產田與低產田沒有差別，甚至拋荒田也得到補貼，很不合理。我建議糧食補貼的方式要改變，現在是按照畝來補，種一畝田有良種補貼、農機補貼等，當然這是個好事情，但是高產、低產給的補貼是一樣的，農民就沒有積極性。最好的辦法是，給予種糧農民按售糧的多少進行直補，即國家以較高的價格收購糧食，再以平價向市場供應糧食。農民交了多少糧？若交了 500 斤糧，額外地補償，不在市場上表現出來，這樣農民種糧的積極性就高了，因為他們所產的糧食越多，利潤就越多；同時，市場上的糧價也不會上漲。我認為這樣是最好的辦法，國家現在有錢了，能做得到，既能保證國家糧食安全和百物價格的平穩，又能大大提高農民種糧的積極性和收入。

現在不合理的是石油補貼，有轎車的都是有錢人，何必補貼他們？應該拿這部分錢來補農民。

更大的一個希望，是將農民從土地上徹底解脱出來，農民越少越好。農民多了，小康不起來。如果農民通過利用我們的先進技術使糧食單產大幅度提高，就可以在確保糧食總產量的前提下釋放一部分農村勞動力。我希望中國發展現代農業，至少讓 50% 的農民走出田頭。

另外，還須清醒地認識到一點，就是隨着農民種糧積極性的降低，相應地影響到雜交稻製種業。據農業部統計數字表明，2007 年製種面積由 2006 年的 150 萬畝減少到 110 萬畝，2008 年再減少到 80 萬畝左右。這種形勢影響到雜交水稻的種植面積，而雜交稻減少的話，那麼國家糧食生產面積就得不到保障。因此，對這種製種量鋭減的趨勢，應該給予足夠的重視。糧食安全中有個種子安全的問題，種子安全中有個種子儲備的問題。國家要有 20% 的種子作為戰備種子，以防不時之需。否則，遇到天災或其他風險，國家的糧食安全必將受到影響。同時，我也要呼籲國家增加扶持種子產業的力度，以減少糧食安全中可能遇到的風險。

在努力提高糧食產量的同時，必須強調控制人口的增長，全球都要控制。若不控制人口，糧食的產量絕對跟不上人口增長的速度。馬爾薩斯認為，人口呈幾何級數增長，糧食呈算術級數增長。就是説，糧食的增長遠遠趕不上人口的增長，人類的兩大需求之間存在着嚴重的矛盾。因此馬爾薩斯得出結論：隨着時間的推移，人口爆炸的力量將遠遠超出地球向人類提供生活資料的能力，人類將生活在貧困之中。我認為馬爾薩斯的理論是對的，因此要控制人口的增長。計劃生育一開始是由馬爾薩斯提出來的。一般人批判馬爾薩斯，其實他是先知先覺，非常了不起的。如果國家不控制人口，30 年就會翻一番，但是糧食 30 年翻不了一番。中國必須強制性地控制人口，因為中國的人口基數太大了。此外，中國不要到國外去買糧食，買糧食吃不是長久之計。中國要靠自己！

THE UNITED NATIONS EDUCATIONAL
SCIENTIFIC AND CULTURAL ORGANIZATION

is honoured to present the

UNESCO SCIENCE PRIZE
1987

to

Yuan Longping

in recognition of his outstanding contribution
in the field of science and technology for development

Paris, 5 November 1987

Amadou-Mahtar M'Bow
Director-General
of Unesco

1 1987 年袁隆平（前左）在巴黎接受聯合國教科文組織授予的「科學獎」
2 聯合國教科文組織授予袁隆平的「科學獎」證書

1/2

3、4　2001 年 2 月 中央電視台專訪袁隆平和吳文俊

3
—
4

5 1994 年 國務院總理李鵬視察湖南雜交水稻研究中心

6 2001 年 2 月 19 日 在首屆國家最高科學技術獎頒獎儀式上，江澤民主席向袁隆平授獎

5
6

7　袁隆平（前左）在指導學生工作
8　2003 年 8 月農民給袁隆平（左 4）送雞蛋、老母雞和錦旗

7/8

9 2003 年 胡錦濤總書記視察湖南雜交水稻研究中心

10 2005 年 國務院總理溫家寶視察湖南雜交水稻研究中心

11 溫家寶總理送來的祝賀袁隆平 75 歲生日的慶生蛋糕

10
11

第九章　答問錄

人問我，成功的「秘訣」是什麼？
其實談不上什麼秘訣，
我的體會是「知識、汗水、靈感、機遇」
這八個字，很重要。

科研工作與成功經驗

辛業芸：

您在大學時，同學給您的評語是：「愛好自由，特長散漫。」您認為這與您後來的科研工作有什麼關係嗎？

袁隆平：

這不好一概而論。同學們說的這個自由散漫，主要是說我很隨意，不中規中矩。比如說我喜歡的課我就聽，不喜歡的課我就不去。還有就是生活上太隨便。比如我不講究穿着，我喜歡過一種自由自在的生活，等等。如果我去旅遊的話，我其實不想坐飛機，而是想坐火車、汽車，沿路觀光，遊山玩水，到香格里拉、九寨溝、西藏呀，這樣遊玩多好。而且人家認不出來就好，別人就不會打擾我，我希望作為一個普通人去享受大自然。我怕興師動眾，到一個地方，什麼市長、縣長呀出來迎接，什麼歡迎蒞臨指導呀，我現在到哪裏都是這樣的，很彆扭，不自由。

但生活上隨便慣了也帶來麻煩。1958、1959年的時候，毛主席提出了農業八字憲法：水、肥、土、種、密、保、工、管。因為我平時不過問政治，不知道這是毛主席提出來的，以為是農業部提的，我就說這個農業八字憲法還差一個字，「時」字，不違農時啊，很重要的。那是晚上在教研組扯淡說的，另外一個老師説這是毛主席提的，我就嚇了一跳，但我接着又説毛主席不是學農的。那就更糟糕了，當時毛主席被認為是神，什麼東西不知道啊？「文化大革命」的時期，這就被定性為「修正毛主席的八字憲法」罪狀。這頂帽子扣得我抬不起頭來，成了最大的錯誤，本來是技術問題，一下子上升到政治問題，因為是毛主席提的。如果當時知道是毛主席提的，那我就不敢隨便説了。

我在生活上自由散漫一點，但我搞研究卻是一絲不苟的。科研這個東西要實事求是，不誇大，也不縮小，正確的就是正確的，錯誤的就是錯誤的。所以我認為工作作風、工作態度要認真、嚴謹。我有一種認識，科學研究就是創新，沒有創新就不要搞科研，這才是科學研究的本色。因此，我覺得思想自由對科學研究、對創新是很重要的。在學術上我不主張做書獃子，而要發揮自由思想。在研究雜交水稻的實踐中，我深深地體會到，作為一名科技工作者，科學研究中要敢於質疑，提出問題比解決問題更重要，質疑是科學研究的出發點、技術創新的原動力和獲得成功的先決條件。尊重權威，但不迷信權威；多看書，但不迷信書。也不要害怕冷嘲熱諷，不要害怕標新立異，要敢想敢做敢堅持。如果老是迷信這個迷信那個，害怕這個害怕那個，那永遠只能跟在別人後面。在以階級鬥爭為綱的年代裏，我儘量遠離政治運動，儘量躲開各種政治會議，生活作風上自由散漫和思想狀態上對「自由自在」的追求，可能給了我很大的幫助，使我可以專心致志搞研究，給我提供了一個較為寬闊的空間。

辛業芸：

您在科研上取得了巨大的成功，能否給我們一些「經驗之談」？

袁隆平：

我總結自己走過的科研道路，有一些體會。首先搞科學研究的大方向要對，這是關鍵的前提。剛開始研究雜交水稻的時候，不論是技術條件還是政治環境，各方面都是不行的。我在安江農校就是一個普通的中等農校的教師，人家都是瞧不起的。老一輩的很多專家都認為水稻這個自花授粉植物是沒有雜種優勢的，遇到有些權威的反對，有些人則持保留態度，壓力是非常大的。我認為雜種優勢應該是生物界的普遍規律。為什麼有信心呢？首先，我從事實中發現水稻有雜種優勢。第二，我翻書本，經典書本裏說水稻雜交沒有優勢，但是我認為它的理論根據有問題。雜種優勢既然是生物界的普遍規律，我認為水稻不會例外，這一點我十分堅信。而且水稻既然有優勢，肯定會大幅度提高水稻的產量，這個信心一直支持着我。認定了這個方向，上了船你就要劃到彼岸去，不走回頭路，因為我認為方向是對的。當時我就默不做聲，反正我幹工作，我要拿事實給他們看，我不再當面跟他們爭。因此，要看大方向對不對，大方向錯了，你再努力也是白搭；大方向正確，你通過努力，即使有挫折，有失敗，最後還是可以達到光明的彼岸的。在最艱難的關頭，一定不能輕易放棄。

科學史上有個著名的例子，就是設計「永動機」。有些人總想發明一種機器，可以不增加新動力就永遠不停地轉下去，這就是方向不對，是死路。作為生物界的普遍現象，小到細菌，高到人類，都有雜種優勢。有沒有優勢，在於兩個親本遺傳的差異度，而不是由生殖方式決定的。我親眼看到天然雜交稻的優勢是很強的，這是方向。我認為朝着這個方向努力，一定會有前途、有結果的。當然，這個過程中也有失敗，失敗是成功之母，這是真理。要搞研究，就不要怕失敗，怕失敗就不要搞科研。有時候有些事情看似失敗了，其實是有成功的因素在裏面。失敗之後要善於總結和吸取經驗教訓，為什麼會失敗？這是更重要的，想想如何調整技術路線，找新的路子。其次，搞科研要學會在此路不通時，就要考慮換一條路走。我 1964 年開始搞水稻雜種優勢利用研究，其間遇到過此路走不通了就走另一條路的情形，這在科學研究中非常重要。2000 年 9 月，諾貝爾物理學獎獲得者、華裔美籍科學家朱棣文來中國訪問，在湖南參加了一個中學組織的活動，當時我陪同他。在給學生講話時，他講了 8 分鐘，講科研上這條路走不通，就走那條路的問題。對此，我很有同感。在雜交水稻研究的前期，從 1964 年到 1967 年這期間，我們一直在栽培品種中研究雄性不育株，搞不通；後來我們就在野生稻中間去搞，通過遠緣雜交去創造新的不育材料，結果在尋找野生資源的過程中發現了一株雄性不育的野生稻，為雜交水稻研究成功打開了突破口。搞科研要學會在此路不通時，就要考慮換一條路走，非常重要。

經常有人問我，成功的「祕訣」是什麼？其實談不上什麼祕訣，我的體會是「知識、汗水、靈感、機遇」這八個字，很重要。

首先，知識是基礎，是創新的基礎。現在科學技術這麼發達，你是個文盲，是不可能成功的。「知識就是力量」「尊重知識、尊重人才」，道理大家都明白。

第二點，要流汗水。任何一項科研成果都來自於深入細緻的實幹、苦幹。我們搞育種是一門應用科學，它是要實踐的，硬是要到田裏面去，肯定要流汗的。1964 年我找雄性不育株，那就是每天下田，頂着太陽，拿着放大鏡，瞪大眼睛在田裏找，這樣搞了 14 天，不知流了多少汗。我培養學生，第一要求就是你要下試驗田，這是起碼的，因為書本上種不出水稻，電腦裏也種不出水稻來。現在我也常常召集助手們一起討論，遇到困難就激發大家思考，這樣才能在解決實際問題中增長知識和才幹。

第三，是要有靈感。靈感在科學研究與藝術創作中，具有幾乎相等的重要作用。靈感來了，一首好詩、一個好曲子就來了；沒有靈感，挖空心思，搜腸刮肚也寫不出一首好詩。什麼是靈感？它以思想火花的形式出現，一閃就來了，一下又過了。你要刻意去找是找不到的，往往是由一種外在因素誘發產生的。我的體會，靈感是知識、經驗、思索和孜孜追求綜合在一起的昇華產物，它往往在外來因素刺激下突然產生了，擦出火花來了。當年我從發現鶴立雞群的稻株，到「忽然」間產生是「天然雜交稻」的念頭，就是一種靈感。但這靈感是我多年來不停地搜索和思考的結果。如果沒有思考，這高的高、矮的矮的「特殊」稻株就只會被認做是普普通通的東西。1997 年，在觀察兩系法亞種間雜交組合的優良株葉形態時，我「突然」悟出超級雜交稻的株型模式，那「一閃念」，就是靈感。我奉勸從事科學研究的同志，要及時捕捉和運用在探索中孕育和迸發的靈感，做「有心人」，及時捕捉思想火花，不要讓它「閃」丟了。

第四，是機遇。「野敗」的發現，在我們整個雜交水稻的研究中，是一個很重要的關節點。有人講 1970 年發現「野敗」只是靠運氣。依我看，這裏有運氣的成分，但絕對不能說是只靠運氣。哲學裏有一對範疇是必然性與偶然性，必然性是事物發展的規律，然而必然性是寓於偶然性之中的，要通過偶然性表現出來。1968 年，日本的新城長友教授已經成功實現粳稻的三系配套，但因為沒有表現出明顯的優勢，不能用於大田生產。而我們設計秈型雜交稻的技術路線時，構想「把雜交育種材料親緣關係儘量拉大，用一種遠緣的野生稻與栽培稻進行雜交」，以突破優勢不明顯的關隘。按照這一思路，我帶着助手們去雲南、海南尋找野生稻，找到「野敗」，打開了突破口。法國著名微生物學家巴斯德（Louis Pasteur）有句名言：Chance favors the prepared mind（機遇偏愛有準備的頭腦）。中國古代韓愈也有句名言：世有伯樂，然後有千里馬；千里馬常有，而伯樂不常有。李必湖與馮克珊找到「野敗」，一是他們是有心人，是專門來找野生稻的；二是他們有這方面的專業知識。所以當發現一蔸野稻的雄蕊退化和幾年來試驗的雄性不育株雄蕊病態很像時，他們就能一眼識寶；而別人即使身在寶山，也不見得能夠識得出。

美國學者唐．帕爾伯格（Don Paarlberg）先生在他的著作《走向豐衣足食的世界》中談到「野敗」事件時說，從統計學上看，這明顯是小概率事件，可是這種奇蹟居然發生了。他還列舉了科學史上一系列偶然事件的巨大作用，如安東·萬·列文虎克（Anton van Leeuwenhoek）就是在顯微鏡下對一滴污濁死水做無意識觀察時發現了微生物；愛德華·詹納（Edward Jenner）看到擠牛奶的女工免出天花，從而發明了接種疫苗……這些發明創造的一個共同特點是，當事人不僅是親眼見到了這些事物，而且從內心領悟並很快抓住了這些事物的本質。這就是科學研究工作的本質。機會成就了有心人。偶然的東西帶給我們的可能就是靈感和機遇，所以我們說偶然性是科學的朋友。科學家的任務，就是要透過偶然性的表觀現象，找出隱藏在其背後的必然性。

從事科技工作的人，往往受自己專業的局限，視野比較窄。要突破這種局限，除了多掌握一些相關領域的知識外，還應該學點哲學，學會用辯證的觀點看問題。

當年學習《毛澤東選集》，我雖然在政治敏銳性上不如別人，但在結合科研實踐上，還是有體會的。在思想方法上，毛主席的《矛盾論》和《實踐論》對我的影響最大。《矛盾論》講過，內部矛盾是推動一切事物發展的動力。雜種優勢就是兩個遺傳上有差異的品種雜交，有矛盾，才有優勢。我們現在搞亞種間超級雜交稻，就是把矛盾擴大了。另外，關於水稻有沒有雜種優勢，也是通過實踐證明它是有優勢的，然後在理論上加以提高，再用來指導實踐，這是《實踐論》的思想方法。我對毛主席著作學習得比較膚淺，但《矛盾論》和《實踐論》對我的思維方法有非常大的幫助。

榮譽與感恩

辛業芸：

當年評選中國科學院院士時，有人說：袁隆平沒有評上院士比評上院士反響更大，您怎樣看待這個問題？

袁隆平：

20 世紀 90 年代初期，湖南省人民政府曾三次推薦我為中國科學院學部委員，即現在的中國科學院院士，卻三次落選。這件事情發生在十幾年前，當時，有人說我落選比人家當選更引起轟動，輿論也有很多批評，很多人為我抱不平。但我本人認為沒當成院士沒覺得有什麼委屈的，這説明自己水平還不夠。有些省份甚至一個院士都沒有，但並不能説明他們就沒有科技成果。我搞雜交水稻研究不是為了當院士，沒評上院士説明我的水平不夠，應該努力學習；但學習的目的還是提高自己的學術水平，而不是為了當院士。

如何看待當選院士，對我個人而言，實際上是如何對待榮譽的問題。我沒管這麼多，我只管自己搞研究，我把能出研究成果，為糧食安全做出貢獻，當做對我最大的肯定，也是我最大的安慰！

有兩件事情我印象很深，第一件是在 1997 年，一次有 60 多個國家參加的大型國際學術會——「作物遺傳與雜種優勢利用國際學術討論會」在墨西哥舉行，會議決定給 5 位農學家授予「雜種優勢利用傑出先驅科學家」榮譽稱號，我是其中之一，其餘 4 位都是美國的著名農業科學家。我由於簽證的緣故推遲到頒獎前5小時才趕到，與會的12名中國代表一見到我便喜出望外，高興而激動地說：「袁老師，終於把你盼到了，我們真是等得焦急萬分！你的來臨，不僅使我們在這個會議上也感到驕傲，更重要的是你為中國人增添了光彩！」我之所以對此印象深刻，並不是因為我得到了這份榮譽，而是因為為中國人增了光。

第二件是我當選為美國科學院外籍院士。2006年我當選為美國科學院的外籍院士，這也是別人推薦的。2007年3月，我在香港中文大學遇到了楊振寧先生。他是諾貝爾物理學獎獲得者，他祝賀我當選為美國科學院的外籍院士，說美國的科學家當選院士是非常難的，外籍院士在世界各國選，那就難度更大。4月25日，我前往華盛頓參加就任美國科學院外籍院士的大會，美國先鋒種子公司的總裁保羅．希克勒專程趕到華盛頓去見我並祝賀我，他也對我說了一番同樣意思的話。29號在美國科學院會堂開會，由美國科學院院長西瑟．羅爾（Ralph J.Cicerone，諾貝爾化學獎獲得者）逐個地簡短介紹新當選的院士。他介紹我時說：袁隆平先生發明的雜交水稻技術，為世界糧食安全做出了傑出貢獻，增產的糧食每年為世界解決了7000萬人的吃飯問題。事後據在場的人說，當介紹新當選院士時，會場上都響起熱烈的掌聲，尤其是介紹我時，會場鼓掌時間最長。其中有一位參加年會的加拿大的外籍院士，專門過來祝賀我，他說你當選這個外籍院士，也給我們這些外籍院士增添了光彩，你對人類的貢獻很大。

2004年我接受「世界糧食獎」時的頒獎詞為：「袁隆平教

授以 30 多年卓傑研究的寶貴經驗和為促使中國由糧食短缺轉變為糧食充足供應做出的巨大貢獻而獲獎，他正在從事的『超級雜交稻』研究，為保障世界糧食安全和解除貧困展示了廣闊前景；他的成就和遠見卓識，還營造了一個糧食更為富足、糧食安全具有保障的更加穩定的世界。同時，袁隆平教授致力於將技術傳授並應用到包括美國在內的其他 10 多個國家，使這些國家已經受到很大的裨益。」

我的童年是在抗日戰爭的烽火中度過的，我知道民族的屈辱和苦難。當我能用科學成就在世界舞台上為中國爭得一席之地時，「雜交水稻之父」的稱謂也好，美國科學院外籍院士的頭銜也好，榮獲各種名目的國際性科學大獎也好，我首先想到的是，為我們中國人爭得了榮譽和尊嚴。我這個人本不是一個驕傲的人，但對這我覺得可以驕傲，是為我們中華民族驕傲，因此我心中這時會湧起一種我們立於世界民族之林的自豪感。我個人在雜交水稻研究的前沿工作中起了一點帶頭作用，但雜交水稻是大家幹出來的，單槍匹馬不可能幹出來，靠國家、靠集體、靠方方面面的支持。我今天獲得的榮譽已經夠多了，榮譽不僅使我常懷感恩之心，而且實際上對我也是一種精神鼓勵，鼓勵我繼續努力，爭取新的成績。

有時被人們稱為「偉大科學家」，說老實話很讓我誠惶誠恐，不是偉大，是尾巴大，尾巴大了也有好處，就是不能翹尾巴。2007 年我到美國參加院士會，在華盛頓白宮前面，好多在美國旅遊的中國人要求合影、簽名，搞得我很不好意思。你不能把尾巴翹起來啊！

辛業芸：

您認為您最想感恩的人是誰？

袁隆平：

我不會忘記每一個幫助過雜交水稻事業的人。20 世紀 60 年代，當雜交水稻研究剛剛起步時，國家科委九局局長趙石英同志給予了雜交水稻研究強有力的支持。當初，我的論文〈水稻的雄性不孕性〉發表在《科學通報》上，如果不是他慧眼識珠，雜交水稻也許沒有這麼幸運，以至於最後取得今天的局面。雜交水稻成功後，我常常感念這位伯樂，思圖報答。20 世紀 90 年代，他患病住院時，我曾派專人赴北京看望、問候。趙石英病逝後，我感到非常難過，在「袁隆平雜交水稻獎勵基金會」（後更名為「湖南省袁隆平農業科技獎勵基金會」）首屆頒獎時，特意給已故的趙石英同志頒了伯樂獎。

20 世紀 70 年代初，正值我們雜交水稻研究小組艱難攻關的時候。記得是 1970 年 6 月，湖南省革命委員會在常德市召開湖南省第二次農業學大寨科技經驗交流會，當時主持會議的

趙石英（1920—1993）

四川酉陽人。原名趙令璦。少年時期，在成都參加趙世蘭等共產黨人組建的「民族解放先鋒隊」，參加學生愛國救亡運動。1938 年經中共地下黨組織挑選送往延安。為懷念革命先驅五叔趙世炎，更名為趙石英。延安抗日軍政大學畢業。20 世紀 60 年代前期任國家科委九局局長。1985 年調任國家專利局。1993 年 5 月 8 日在北京去世。

就是擔任湖南省革命委員會主任的華國鋒。華國鋒點名要我參加這次會議，而且特意把我請到會議的主席台上，坐在他的身邊，並要我在大會上發言，介紹雜交水稻的科研情況。我向參會代表介紹了雜交水稻科研的實際情況，同時也説明了存在的技術問題和解決這些問題的難度，並表示有些愧對省領導和大家的期望。華國鋒同志説，周恩來總理經常過問雜交水稻科研的事，不要怕困難，希望能夠繼續研究下去，儘快把它搞成功。這無疑是對我給予了充分的肯定和莫大的支持，我覺得工作還沒有做出像樣的成績就得到這樣的重視，很受鼓舞，表示一定要把雜交水稻科研工作堅持下去。他一直對雜交水稻研究懷着極大的關切，並曾明確要求有關地市和部門積極配合我們研究小組開展科研。1975 年，華國鋒同志已調任國務院常務副總理，此時，雜交水稻三系配套已經成功，試種示範效果顯著。為了推動雜交水稻在全國推廣，他親自部署雜交水稻的種子生產，促進雜交水稻的推廣。1976 年，雜交水稻在全國範圍內開始推廣，而且發展迅速。這些往事使我感慨萬分，華國鋒同志無論是在湖南還是在中央主持工作期間，對雜交水稻的研究和發展都給予了很大的支持。如果沒有華國鋒同志的支持，當時雜交水稻的大面積推廣速度不會那麼快的。

2004 年底，我被中央電視台評選為「感動中國」十大人物之一。華國鋒同志在家中看了電視後，叫祕書給我打來電話表示祝賀，還請我注意身體。後來我還從他身邊工作人員的回憶中得知，華老對此曾深情地説道：「對於科學研究，我是個外行。但我知道，農業生產要發展，就得依靠農業科學的進步；而農業科學的進步，離開農民和土地，是不可能成功的。作為一個地方的領導人，支持和幫助他的科研項目，是我的天職。……實踐證明，雜交稻的大面積推廣取得了巨大的成功。這不僅是袁隆平的成功，也是社會主義中國的成功，是炎黃子孫的成功。我長期分享着他們勝利的喜悅。」

很多年過去了，我始終懷着對華老的感念之情。我認為雜交水稻有今日的輝煌，華老起了很重要的領導作用。2006 年 6 月，我有機會專程去華老的寓所看望他。當我們走進華老的會客廳時，就見他從沙發上站起來，笑盈盈地伸出雙手，帶着濃厚的家鄉口音說：「袁隆平同志，全國人民感謝你啊。」我也快步迎向前，緊緊握着華老的雙手，感動地說：「感謝華老的支持！」他始終握着我的手，傾心長談，對雜交水稻的關注仍和從前一樣。談話中，他堅信中國堅持走自主創新道路，建設創新型國家必將獲得更大更快的發展。在會見結束時，華老還為我親筆題寫了「貴在創新」四個字。他已經去世了，但他的音容笑貌還不時浮現在我的眼前。「貴在創新」的題字，就掛在我辦公室裏，使人倍感親切和鼓舞。

雜交水稻發展中還有一位很重要的人 —— 陳洪新。20 世紀 70 年代，雜交水稻三系配套和試種成功以後，這一成果沒有僅僅淪為展品、樣品，而是迅速得到推廣和應用，轉化為生產力，陳洪新同志起到很大的作用。

陳洪新是一位具有傳奇經歷、德高望重的老革命家，曾任湖南省政協副主席、海南省政府農業顧問。陳老在抗日和解放戰爭年代出生入死，有勇有謀，多次化險為夷；到了建設時期，他富有魄力，敢想敢幹，屢建功勛。但在「文化大革命」中曾遭受批鬥、被降職貶謫。1973 年他調入湖南省農科院任副院長，分管科研工作。此後，我們相識，他與雜交水稻結下了很深的情緣。當時，雜交水稻三系配套已經成功，陳老不僅在關鍵時刻、關鍵問題上有力地支持了雜交水稻科學研究，而且在加快雜交水稻從湖南到全國的推廣方面，他雷厲風行，及時組織試種和召開現場會，進行大力宣傳和擴大示範，並及時到北京向華國鋒副總理匯報爭取支持，組織在湖南和全國迅速推廣。特別是在 1975 年，他運籌帷幄，召開四次會議，為擴大南繁打好關鍵一仗，為 1976 年全國大面積推廣做好了種子、技術等各方面的準備。正因為他的決策、組織和領導富有成效，為雜交水稻在全國迅速地、大規模地推廣應用做出了卓越的貢獻。

1982 年為了加大雜交水稻在全國的推廣力度，農業部決定成立「全國雜交水稻專家顧問組」，由陳洪新同志擔任顧問組組長，我任副組長，成員包括雜交水稻育種、繁殖、製種、栽培及推廣等方面的專家。在陳洪新同志的帶領下，全國雜交水稻專家顧問組開展了卓有成效的工作，提出了具有指導意義的建議，為農業部實施科學決策起了重要作用。1980 年後，全國雜交水稻的發展就超過了 1 億畝大關。陳洪新同志於 1995 年離休後，舉家遷居海南省海口市。我每年赴三亞南繁基地工作時，差不多都抽時間去探望老人。2008 年 3 月 24 日是陳洪新老人 90 壽誕，我們特意組織了一下，專程去海口為他祝壽。

除了這幾位領導，還有一個人我是要感恩的，那就是我的妻子鄧則。

我和鄧則是患難之中的真感情，原是師生，後成夫妻。很長一段時間內，她叫我「袁老師」，我一直稱她為「賢內助」。最有意思了，前幾年我和香港中文大學的辛世文教授（現在也是中國工程院院士）見面時，我們互相介紹自己的夫人，他說「這是我的太太」，我就說「這是我的賢內助」。後來他太太就說「以後不能叫太太啊，要叫賢內助，賢內助比太太好」。

我和鄧則就是普通老百姓，家庭生活美滿。家庭美滿，人生就很美滿；家庭不幸，人生也很不幸。比如，我們原來西南農大的一位校長，「文革」時捱批鬥，他的夫人要和他劃清界限，結果他上吊死了。而在我事業最艱難、工作最困難的時候，鄧則卻最堅定地支持我。「文化大革命」開始時，我們的第一個孩子剛剛降生不久，鄧則抱着剛滿月的孩子也去看大字報。此時此刻，我心情很沉重，就對鄧則說：「你要做好思想準備，明天我可能上台捱批鬥，然後進牛棚被監督勞動。」鄧則卻說道:「沒關係，你又不是現行反革命，大不了去當農民，你去，我跟你去。」她的話，讓我特別感動，這是我一生最大的安慰之一。

賢內助鄧則付出確實太多了。在 1970 年代，我們很艱苦的時候，因為我一直在外面搞科研，家裏的擔子都由她挑起來。我曾連續 7 個春節都沒有回家，是在海南島過的。有一年，我回家的第一天，還沒住下就接到電話，當天晚上要趕去長沙；還有一年就只回家過一次，住了一天。小孩都是我的賢內助帶的，二兒子出生才 3 天我就南下了；最困難的時候是第三個小孩出生後，她下放到幹校去，我還是在外頭跑，結果老三在兩三個月大的時候就被帶着下到幹校去了。3 個小孩 3 個地方，老大就在重慶奶奶那裏，老二在外婆家裏，但我的賢內助也沒有埋怨我。那個時候正是雜交水稻研究最關鍵的時候，如果拴在小家庭，事業就不會有成就。鄧則知道搞水稻研究，季節很重要，不能夠留下我過小家生活。她知道這個事業很重要，毫無怨言地支持我。我工作很忙，1/3 的時間呆在海南或湖南的試驗稻田裏，1/3 的時間用於在國內外講學和參加會議，剩下 1/3 的時間才呆在家裏。她獨自承擔起家庭的全部責任，沒有讓我分擔困難。特別是我父親去世後，母親就被鄧則接到安江。當時我已被調到長沙工作，因母親身體不好，年事已高，怕不適應城市環境，沒有讓母親來長沙居住。直到母親去世，鄧則才帶着 3 個孩子來長沙團聚。從 1964 年到 1990 年，26 年裏我們基本是分居。

鄧則很厚道、善良、賢惠。我們之間頂多有幾次爭爭嘴，不是什麼原則問題。她偶爾發脾氣，我笑一笑就算了。我抽煙，她嘮叨幾句，說你少抽點咯。現在，我每次應邀出訪，或是參加活動，只要條件允許，我就帶着我的「賢內助」一道去，讓她走一走散散心。如果是出國，我就耐心地給她當翻譯兼導遊，她喜歡旅遊呀。這樣，帶她去過 5 個國家和國內很有名的一些景點；即便沒有機會帶她去，也會給她買一些禮物，我能記得她穿的衣服、褲子、鞋子的型號。家還在安江的時候，每次從外面回去，我也都會買東西帶回去。

我也要感謝我的其他親人對我的理解與支持。1974 年年底，正是我在海南三亞製種攻關時刻，我父親患胃癌住院了。

病重期間，鄧則一人從安江農校趕到重慶，到醫院裏去服侍。父親那時在醫院裏開了刀，在病危彌留之際，鄧則想通知我回重慶，但父親說：「隆平工作很重要，現在又到了最關鍵的時候，不要他來了。」他去世了，結果我沒有見他最後一面，我心中無比的遺憾。

1989 年母親在安江病危，那時我正在長沙參加一個雜交水稻的現場會，任主持人，急得我開會中每兩小時打一次電話回去問病情。我知道這是最後的時刻，但又動不了，心中希望母親能撐住一兩天。會一結束，我馬上往安江趕，可在路上便接到母親去世的消息；趕到安江農校，我從車上跳下，就撲在母親身上大哭。對我一生影響最大的還是我的母親，我捶打胸口，痛惜來晚了。

1982 年 8 月，岳母患癌症住院，剛好我又要出國訪問，覺得去留兩難。岳母看出我心裏的矛盾，要我放心出國忙事業。等我從國外回來，對我特別好的岳母已經去世。談起這些，我很難過。人生有時候真是忠孝難兩全……

生活態度與追求

辛業芸：

對不起，讓您傷感了。我們換個輕鬆的話題吧。請您給我們介紹一下您的日常生活情況，好嗎？

袁隆平：

我的生活很豐富，因為生活本身就豐富；工作也很愉快，能為國家、為人民做自己應做的貢獻是最愉快的。我的工作就是生活的一部分。我想，一個人活這一輩子，首先，心態要好，要樂觀一點，開朗一點，豁達一點，這是很重要的。不要為點小事情發愁、計較，也不要為了追逐名利去花心思，否則你稍微有點挫折就受不了。

第二，生活要有規律，要講求健康的生活，這也是很重要的。我吃飯以素食為主，常吃粗糧。飲食定時定量，每天 3 餐，多吃米飯和紅薯等粗糧，少吃一點魚、肉。一天大概 2 兩葷菜，補充點蛋白質，再多吃些水果，很簡單。補藥從來不嘗，粗茶淡飯，適當營養，只要衞生和營養就行了。我現在的體型保持得很好，不胖不瘦。我每天早上要做體操，下午要打球，夏天還要游泳。我現在精力充沛，看來腦筋還管用，身體還很好。我從小就喜歡身體鍛煉。我們現在經常搞比賽，我還連續幾年在我們農科院得游泳冠軍呢，在短距離 50 米年輕人都遊不贏我，但我耐力不行了，只是我的技術好。除了游泳，我還打排球，打排球我是主攻手。這是我每天的必修課。晚上，一般要下下象棋，輕鬆一下。生活內容充實，心情也開朗。

我愛看書，外文書啦、文史啦、地理啦都看，大概每周有 3 天看業務書。看業務書，我有選擇性，需要的看，感興趣的看，主要是與工作有關，比如超級雜交稻有關的新發展、新趨勢。我認為腦子要多用，尤其是學外語，可以有效地延緩衰老。腦子越用越靈活，人年紀大了最怕得老年癡獃，現在看來，我腦筋還管用。

在掌握基本知識的基礎上，要有一些專長，有一些愛好。有專長，就有了方向；有愛好，不但讓你的世界更豐富，還可以在知識、文化、精神層面上相互「雜交」，互相啟發。「雜交」現象不僅在自然界存在，在人類社會、思維領域也都廣泛存在。

我喜歡和年輕人在一起。年輕人朝氣蓬勃，敢打敢拚，是我們事業的希望。常和年輕人在一起，我就覺得自己還年輕，也充滿了青春的活力。

我認為，要成才的第一要素，也是最基本的要素，是身體要好。身體不健康，心有餘而力不足，無論你搞什麼研究都支撐不下來。我現在還在第一線，只要田裏有稻子，幾乎每天都要下田的。搞農業是田野工作，常呼吸新鮮空氣，曬太陽，有利於鈣的合成，老年人就最怕缺鈣。身體不好，怎麼行？工作要紮實能吃苦，但弦不能繃得太緊，要有張有弛。不會休息的人就不會工作，不會鍛煉的人也不會工作。在其他方面相同的條件下，一個人的身體好壞與他的事業成功與否是成正比的。我從來沒有累倒在稻田裏過。

我把精力主要放在雜交水稻上面，雜交水稻就像是自己的孩子一樣。從把它播種到田裏面，一直到收穫，我每天只要有時間都要到試驗田裏去看一看：它長得好不好，要不要肥料，要不要水，有什麼蟲，有什麼病。如果蟲來了，那趕緊要治，如果治不好，被蟲吃掉了，那我會傷心的。每天看着它成長，心中無比欣喜。

我有 3 個兒子，分別取小名為五一、五二、五三，大名是袁定安、袁定江、袁定陽。他們小的時候，我對他們照顧很少。老大長年跟奶奶生活在重慶；老三跟着外婆過；只有老二，5 歲的時候，我帶着他去海南、廣東生活過一段時間。在對孩子的教育方面，我從不愛說教，不強求他們必須有大的作為。健康就好，有健康就有未來。現在他們都長大成人了，他們要想上進，我就給他們創造條件。我的老三還可以，他肯學習，我就給他創造條件。他在香港中文大學獲得博士學位，做了博士後，研究 C_4 型轉基因超級雜交稻，要攻克更高產的超級雜交稻目標。現在我們有了孫輩，三個孫女，是我給她們取的名字。其中一個叫袁有晴，因為出生前一直不停地下雨，生下當天，雨過天晴。另一孫女出生的那天正好逢農曆的「雨水節」，便取名「袁有清」。這兩個名字不但叫起來順口，而且合起來是有晴有清。晴就是太陽，清就是雨水。有太陽有雨水，萬物自然就會茁壯成長。每天下班之後，我和老伴都會陪孫女們玩一玩，帶她們游游泳，或者給她們講講故事，享受天倫之樂。

辛業芸：

我作為一個年輕人，想請您談一談您的人生追求。

袁隆平：

我不講大道理，那樣沒意思，只結合自己的親身經歷說點感受。人活着要有意義，人的一生很短。我記得聶耳、田漢的《畢業歌》裏邊唱道：今天是桃李芬芳，明天是社會的棟梁。

保爾．柯察金的話是人生的最好總結：人最寶貴的是生命，生命對每個人只有一次。人的一生應該這樣度過：當他回首往事的時候，不因虛度年華而悔恨，也不因碌碌無為而羞愧。這樣，在臨死的時候，他就可以說：「我的一生都獻給了世界上最壯麗的事業——為人類的解放而鬥爭。」我年輕的時候，他們的話感動了我，也激勵了我的人生。

我不是沒有名利思想，說完全沒有名利思想，也是不實在的，一個人真正做到沒有名利思想是很難的，但是不要把它放在第一位，要把事業放在第一位。把名利看得淡一點，或者很淡，就不容易受到打擊，就不會為名利所累，就不辛苦。如果把名利看得很重，就辛苦，為了名利去搞研究，你一遇到挫折就要泄氣，就會有負擔的。出了名不完全是好事，「人怕出名豬怕壯」，人一出名後，自由度就越來越小。我是喜歡自由自在的，現在就沒有自由了。一出去，簽名啊，照相啊，都來了。你不能翹尾巴，你還得要有禮貌，要謙虛，人家尊重你，甚至是崇拜你呀。媒體來了，也不敢得罪，但說句實在的話，這些事太多了，很有點兒煩人。

我稍有點名氣之後，國際上有多家機構高薪聘請我出國工作，但我婉言謝絕了。這跟人生觀有很大關係。如果為了名利的話，我就到國外去了。如聯合國糧農組織在 1990 年曾以每天 525 美元的高薪聘請我赴印度工作半年，但我認為中國這麼一個大國，這麼多的人口，糧食始終是頭等大事，我在國內工作比在國外發揮作用更大。

世界上我跑過好多地方、好多大城市，從來沒心動過。高樓大廈有壓抑感，一天到晚都是金錢的世界，沒有什麼意思。我對錢是這樣看的：錢是要有的，要生活，要生存，沒有錢是不能生存的。但錢的來路要正，不能貪污受賄，不搞什麼亂七八糟的。另外，有錢是要用的，有錢不用等於沒有錢。但是用呢，該用的用，不揮霍不浪費，也不小氣不吝嗇。錢夠平常開銷，再小有積蓄就行了。還拿那麼多錢存着幹什麼？生不帶來，死不帶去。

有個權威的評估機構評估説我的身價是 1008 個億，要那麼多錢做什麼？那是個大包袱。我覺得我現在生活很好，我不愁生活，工資足夠用，房子也不錯。要吃要穿都夠，吃多了還會得肥胖症；衣服對我來説感覺都一樣，高檔的不會説穿上就舒服些。我也從來不喜歡講究高檔的服飾，什麼鱷魚皮的皮帶，2000 多元錢，我不要。講那些派頭做什麼？你搞豪華奢侈有什麼意思？我不講究名牌，也不認識名牌。當然，也可能是因為我皮膚粗糙，感覺不出好壞來。我只要穿着合適、樸素大方就行，哪怕幾十塊錢一件都行。我最貴的西裝是在北京領首屆最高科技獎前，抽空逛了回商場，買了打折到七八百塊錢一套的西裝，還是周圍同事鼓搗了半天才買的。

我不願當官，「隆平高科」[1] 讓我兼董事長，我嫌麻煩，不當。我不是做生意的人，又不懂經濟，對股票也不感興趣。我

1　隆平高科是由湖南省農業科學院、湖南雜交水稻研究中心和袁隆平院士等發起設立、以科研單位為依託的農業高科技股份有限公司。公司成立於 1999 年 6 月，是一家以「光大袁隆平偉大事業，用科技改造農業，造福世界人民」為宗旨的農業高新技術企業，成立之初註冊資本 1.05 億元。2000 年 5 月發行 A 股，是完全市場化運作的現代上市公司。

平生最大的興趣在於雜交水稻研究，我不幹行政職務就是為了潛心科研。搞農業是我的職業，離開了農田我就無所事事，那才麻煩了。有些人退休之後就有失落感，如果我不能下田了我就會有失落感，那我做什麼呢？我現在還下田。不過現在下田條件好了，是開汽車下田。過去走路，後來騎自行車，再後來騎摩托車，現在提高了，我可以開着小汽車下田了。

現在有些年輕人不願意學農業是受傳統觀念的影響，以為農業還是「面朝黃土背朝天」的行當。其實，我們的現代農業早就發展到了分子水平時代，是現代高科技的一部分。現在，許多國家都十分重視農業的發展。如美國農學院的獎學金就是高校中最高的，而商學院卻沒有獎學金。

學農有學農的樂趣嘞，我就是樂在苦中啊！只要有追求，有理想，有希望在吸引着你，你就不會覺得苦！我們搞水稻，要在水田裏呆，還要在太陽下曬，工作是辛苦點。原來在六七十年代生活很苦，吃不飽，但我覺得樂在苦中，因為有希望、有信念在支撐着。因為我認為糧食是最重要的戰略物資，所以我覺得我的工作是非常有意義的，對國家、對老百姓都是大好的事情。作為科學技術來講，社會是不斷發展的，苦雖苦，但是有希望在前面鼓勵我。若是吃苦的時候沒有希望的話，還是熬不下去的。如果全都沒有希望，那苦起來就難受了。我的體會是一旦有好的苗頭，有好的新品種出來，就算工作再辛苦一點，心裏面也感到很快活。搞出來一個好東西時，心理上的那種欣慰、快樂，是很難用言語形容的，真是其樂無窮。科學上有新發現、技術上有新發明，這是科技工作者人生很大的一種快樂。

有些人功成名就之後，就保住那個榮譽，如果再往前走啊，就生怕會失敗；或者說功成名就了，年紀也大了，用不着再去拚命。對我來說，我沒有那樣一種思想。我始終不滿足，追求不斷使水稻產量進一步提高。因為從技術上講，水稻的產量潛力還大得很，還可以大幅度提高，應該說這是我面前的科學技術高峰吧。就像奧林匹克運動體育競技不斷突破世界紀錄一樣，攀登科技高峰對科技工作者有着永遠的誘惑力，不斷超越，包括超越自己，這是動力之一。另外一個動力呢，就是我們中國的現實情況，人口這麼多，需求還在增長，這是外在的動力。國家需要糧食，世界需要糧食，世界上一半以上人口以水稻為主食啊。

我已經 80 多歲，現在身體還好，老驥伏櫪，壯志未已。我還要進行新的挑戰，向新的目標邁進。我有兩個願望：第一是第五期超級稻大面積 16 噸 / 公頃的目標，我們要在 2020 年實現，爭取提前 2~3 年實現；第二是繼續把雜交稻推向全世界，為世界人民造福。原來覺得實現這兩個願望就心滿意足了，現在覺得還是不夠，我還有更多的打算，那就是實施三大工程，也就是總理基金「百千萬」高產攻關示範工程（由李克強總理支持的發展超級雜交稻百畝片、千畝片、萬畝片的示範推廣）、「種三產四」豐產工程（適於在中低產區發展，種三畝超級雜交稻產原來品種種四畝地的糧食）、「三一」工程（適於在高產區發展，種三分地養活一個人）。

辛業芸：

最後一個問題，雜交水稻在世界上的影響愈來愈大，有人從當年的「乒乓外交」聯想到了「雜交水稻外交」，您怎麼看？

袁隆平：

從某種意義上說，雜交水稻這個水稻王國裏的新生雛鳥，已由洞庭湖的麻雀變換為太平洋的海鷗了，已經從中國「飛」向世界，這正是我從事雜交水稻研究所希望獲得的光明前景。

除此以外，雜交水稻也逐漸扮演起促進中國與世界友好交流與合作的角色。2001 年春季，時任國家主席的江澤民同志訪問委內瑞拉時，委內瑞拉總統查韋斯表達了希望中國幫助他們發展農業的意願。江澤民主席答應了他們的要求，並推薦我去幫助該國推廣雜交水稻。為此，中國工程院特別組團並派遣我率團考察，指導該國發展雜交水稻。考察結束時，委方表示，要把推廣雜交水稻作為兩國政府間的合作項目，不僅解決本國的糧食問題，還要向周邊國家出口。

2007 年 1 月，我隨同溫家寶總理一行訪問菲律賓，也是為了促進中菲農業友好合作，推進雜交水稻進一步在菲律賓發展的目的。家寶總理實際上是率團到菲律賓參加東盟峰會，在緊張行程中還專門安排出席中菲農業合作情況交流會。在會上，家寶總理說，這次我點名讓袁隆平作為特邀專家隨團訪問菲律賓，袁隆平的言行反映了中國人民和廣大農業科技人員的心聲。家寶總理還興致勃勃地觀看了中菲農業合作的圖片和實物展示。他十分滿意中菲農業合作取得的成績，並簽署了多個農業合作文件。家寶總理高度評價「中菲農業技術中心」的合作成果，希望以中菲農業技術中心為平台，發展雜交水稻，提供好品種，提高產量，培訓好人員。為了中菲的友誼和合作，總理對雜交水稻真是寄予厚望。可見，雜交水稻實際上已架設起一座對外發展的橋梁。透過雜交稻的紐帶，可以增進中國人民和世界人民的友誼，以至世界人民對中國人民的認識及看法。

其實，通過雜交水稻技術在許多國家的交流、示範與推廣，成功地使當地政府和農民看到了解決糧食危機的一條有效途徑，如菲律賓、孟加拉國、印尼等，有的國家還把它列為國家項目。這無疑大大加深了中國與世界各國的友誼，因此，國際友人稱此舉為「雜交水稻外交」！鑒於此，2005 年 10 月 18 日，國務委員唐家璿在釣魚台國賓館會見並宴請我，他高度評價「雜交水稻外交」將是中國「走出去」戰略的一項重要內容，也將是今後中國經濟外交的一張王牌。當時，外交部正在舉辦第四期大使參贊學習班，邀請我給駐 80 多個國家的大使、總領事和參贊們做了一場報告，大家聽了雜交水稻的介紹非常振奮，也因中國擁有這樣一項處於世界領先水平的技術而感到驕傲。雜交水稻的國際影響力在不斷擴大，國際市場空間不斷拓展，加上中國雜交水稻培育技術的成熟，中國已經具備了「雜交水稻外交」的基本條件。我希望把雜交水稻培育成營造良好國際關係的重要載體，將「雜交水稻外交」納入國家總體外交範疇，使雜交水稻成為中國外交援助的首選項目，以實現對外經濟援助和農業經貿合作的結合。

我今生最大的心願是讓雜交水稻更多地造福世界。我希望雜交稻不僅對建設中國的和諧社會做貢獻，也希望為建立世界和平做貢獻。我認為這應該是中國對世界的貢獻。

目前全球有 8.52 億人處在經常捱餓的狀態，每年有 5 萬孩子因為飢餓和營養不良而死亡，更可怕的是，在過去的 5 年裏，3/4 發展中國家的飢餓人數仍在上升。全世界的水稻種植面積是 22.5 億畝，但是，平均單產每畝只有 260 公斤。

現在中國以外的雜交水稻種植面積已經超過 600 萬公頃，一般雜交水稻在國外比當地最好的品種每公頃增產 2~4 噸。希望在五六年之內，在國外發展到 1500 萬公頃，那麼每一年可以多增產 3000 萬噸糧食，可以多養活 1 億人口。按照聯合國糧農組織的統計，在 22 億畝種植面積中，有 10% 即約 2 億畝零頭種植了雜交水稻，增產的糧食將佔到全世界水稻總產量的 20%。如果雜交水稻的推廣佔到世界水稻種植總面積（1.5 億公頃）的 50% 左右的話，全世界每年增產的糧食則可多養活 4 億 ~5 億人口。這樣，在世界上消除飢餓就大有希望了。

衷心祝願雜交水稻為保障世界糧食安全和促進人類和平事業做出更大的貢獻。

辛業芸：

自從習近平總書記提出「中國夢」論述以來，「中國夢」成為激盪神州大地，承載億萬海內外中華兒女夢想和重託的熱門詞彙。「中國夢，我的夢」，您的「中國夢」是什麼？

袁隆平：

2013 年五一勞動節前夕，我參加了全國勞模座談會，受到習總書記接見，我匯報了我有兩個夢：第一個夢是禾下乘涼夢；第二個夢是雜交水稻覆蓋全球夢。

第一個夢是我真正做過的夢，我夢見我試驗田的超級雜交稻，長得比高粱還高，穗子有掃帚那麼長，籽粒有花生米那樣大。我很高興，我跟我的同事、助手們就坐在瀑布般的稻穗下乘涼。

我是從事雜交水稻研究的，水稻、小麥、玉米，是世界最主要的三大糧食作物，水稻是老大，世界上有一半以上的人以稻米為主食，我們中國更高，達 60% 以上。

為了保證糧食安全，解決十幾億人口吃飯問題，我們國家在 1996 年啟動了「中國超級稻計劃」。超級稻就是超高產的意思，分三個時期：第一期產量指標是大面積示範畝產 700 公斤；第二期是畝產 800 公斤；第三期是畝產 900 公斤。2000 年，我們實現了第一期超級稻的計劃，現在正在大面積生產應用。2004 年，我們比計劃提前 1 年實現了畝產 800 公斤。第三期畝產 900 公斤，經過協作攻關，我們在 2011 年也實現了，比計劃時間 2015 年提前了 4 年。2014 年我們又在第四期超級稻畝產 1000 公斤攻關中取得突破性進展，在湖南省溆浦縣的百畝示範片創平均畝產 1026.7 公斤的產量新紀錄，首次突破千公斤大關。

提高水稻的產量，要「四良」配套：一是品種要好，良種是核心。二是栽培技術要好，良法是手段。三是田要好，良田是基礎。田不好的話，太沙或者太鹼、太酸、有毒物質多，都不行。四是良態，氣候要好。我們還不能控制氣候，只能趨利避害，適應氣候變化。2014 年氣候不太好，前期陰雨太多了，對水稻生長很不利，幸好收穫前晴了一段時間，加上技術措施得力，最後除了漵浦，還有隆回、衡陽、龍山幾個百畝示範片都畝產過了千公斤，對這個結果我很滿意。

實現了 1000 公斤之後，有人問還有沒有新的目標？我說我還要發揮老驥伏櫪的精神，實現我的「禾下乘涼夢」，向更高產量攀登。有人問我水稻產量有沒有盡頭？科技進步永無止境，理論上也就是從水稻的光能利用率上看，水稻尚有巨大的產量潛力。從水稻光能利用率的理論來說，太陽輻射量的 5% 可以轉化為有機物，我們把這個理論數字打對折，按 2.5% 的光能利用率來算，在長沙的輻射量一季稻可達 1500 公斤，所以 1000 公斤實現了之後，再向更高的產量攀登，在理論上是完全可能的。只要我身心健康，我還會繼續向選育第五期超級雜交稻努力奮鬥，直到實現我的「禾下乘涼夢」。

第二個夢是雜交水稻覆蓋全球夢。這是我追求的夢想！

現在全世界有 22.5 億畝水稻，平均單產是 280 公斤。日本是科技先進國家，有兩千六七百萬畝水稻，平均單產是 450 公斤。印度是發展中國家，也是水稻大國，水稻平均畝產 200 公斤。我們的雜交稻種植面積 250000000 萬畝，幾乎是日本的 10 倍，但平均產量可超過 500 公斤，每年種植雜交水稻所增產的糧食可以多養活 7000 萬人口。我們第一期超級稻已經大面積應用，有 2000 萬畝，大面積種植平均畝產 550 公斤。第二期超級稻種植面積達 1000 萬畝，大面積種植平均畝產 600 多公斤。第三期超級稻的大面積應用，大面積種植會達到 650~700 公斤 / 畝。所以我們通過努力，中國人完全可以依靠自己解決吃飯問題。

2013 年中國的雜交稻在印度、越南、菲律賓、印度尼西亞、孟加拉國、巴基斯坦、美國、巴西等國家推廣的面積有 600 萬公頃，相當於 9000 萬畝，平均每公頃產量比當地優良品種高出 2 噸左右。如果世界上有一半的稻田種上了雜交稻，所增產的糧食，按平均每公頃增產 2 噸計算，可以多養活 4 億 ~5 億人口。

我們進口越南大米，越南是近水樓台，是從中國引進的雜交稻品種。原來越南當地的品種每公頃產 4.5 噸，引進我們的雜交稻品種後每公頃產 6.4 噸，幾乎增產了 40%。越南因為多年大面積種植中國的雜交稻，而從原來糧食短缺的國家，一躍成為僅次於泰國的第二大稻米出口國，我們中國幫了它的忙，還買它的大米。美國是科技先進國家，這是毋庸置疑的，他們近年推廣雜交稻 600 多萬畝，平均單產 600 多公斤，比當地的優良品種增產 25% 左右。美國的水稻面積不大，有 1/3 是我們的雜交稻。他們計劃要發展到 50%。

實現第一個禾下乘涼夢，我們正在攻關；第二個夢怎麼實現呢？這裏我有幾點建議：

首先，國家要更加開放一點，讓我們最好的兩系雜交稻走出國門。

其次，國家要扶植一兩個龍頭種業企業，走出國門。國家要給這些龍頭企業更優惠的政策，鼓勵他們打入和搶佔世界市場。舉一個例子，美國有個杜邦先鋒種子公司，全世界 80% 的玉米種子都是杜邦先鋒公司的。杜邦先鋒的雜交玉米是相對優勢，而我們的雜交水稻是絕對的優勢。美國杜邦先鋒種子佔了世界 80% 的玉米種植面積，我的目標是中國的雜交水稻要覆蓋全球一半。如果國家扶植幾個龍頭企業走出國門，只要政府政策支持，我們企業完全能夠做到的，而且效果非常好。我們每年都舉辦很多期雜交水稻技術國際培訓班，向亞非拉幾十個國家的技術人員傳授技術。

第三，把長沙打造為國際雜交水稻之都。舉全國之力，打造一個平台，這個平台集科研力量、種子資源、優秀人才於一體，使它成為雜交水稻的研究中心、國際培訓中心、會議中心、展示中心、交易中心和信息中心等。為什麼把長沙打造成為雜交水稻之都呢？其一，湖南省水稻種植面積和總產量一直穩居全國第一；其二，長沙歷史上就是四大米市之一；其三，湖南省是雜交水稻的發源地。所以我建議，舉全國之力把長沙打造成為國際雜交水稻種都，使我們的雜交稻有一個更好的平台，走向全世界。

如果雜交稻覆蓋了全世界一半的水稻田，它的重要意義在哪裏呢？第一，為世界糧食安全做出很大的貢獻，可以多養活 4 億 ~5 億人口。第二，可以大大提高中國的國際地位。原外交部長唐家璿講，雜交水稻可以作為中國外交上的一張王牌，把這張王牌打出去，可以大大提高我們的國際地位。第三，還有相當可觀的經濟效益。美國每年有 600 多萬畝的雜交稻，我們把技術轉讓給美國，他們每年給我們提成，付給我們知識產權費。如果全世界有 12 億畝的雜交稻，我們算一下，效益每年至少有 80 億美金。我在政協提了這些建議，希望把長沙打造成為國際雜交水稻之都，使我們的雜交稻更好更快地走出國門。

1　2000 年 9 月袁隆平（左）與朱棣文交談

2　2006 年 6 月 9 日華國鋒（右）在家中與袁隆平親切交談，並為袁隆平題詞

3　袁隆平拉小提琴
4　2007 年在美國科學院標牌前留影

3
4

5、6、7　袁隆平下棋、打排球和游泳

5
6
7

8　2001 年 11 月袁隆平（前右 3）率團
赴委內瑞拉考察

9 2007 年 1 月袁隆平（前左 2）隨同溫家寶總理一行訪問菲律賓進一步幫助菲律賓

10 2012 年全家福。前排左起：袁有清、鄧則、袁有明、袁隆平、袁有晴；後排左起：甘泉、袁定江、袁定安、陳思宇、袁定陽、段美娟

11 在安江農校時的全家福。前排左起：袁定江、袁定安、袁定陽，中排左起：母親、岳母，後排左起：鄧則、袁隆平、鄧一平（鄧則之兄）

10
11

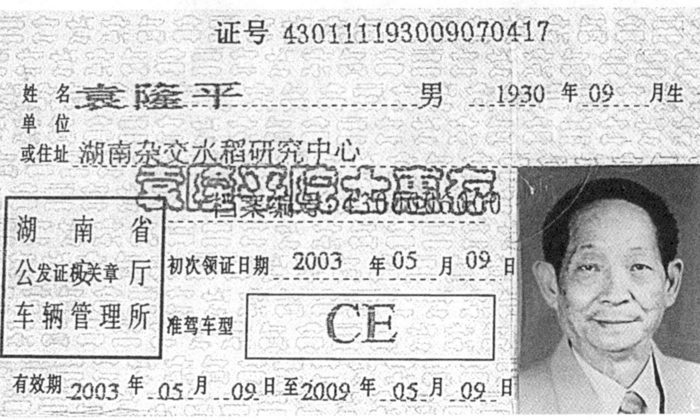

证号 430111193009070417

姓名 袁隆平 男 1930 年 09 月生

单位或住址 湖南杂交水稻研究中心

档案编号

湖南省公安厅车辆管理所

初次领证日期 2003 年 05 月 09 日

准驾车型 CE

有效期 2003 年 05 月 09 日至 2009 年 05 月 09 日

12 袁隆平駕車下田

13 袁隆平的榮譽駕照

14 袁隆平（前左 2）等為陳洪新 90 歲生日祝壽，圖為陳洪新在壽誕時吹蠟燭

15 2005年袁隆平（右）給駐外大使和參贊講課

16 向袁爺爺拜年的小女孩（2002 年正月初五攝於耒陽發明家廣場）

第十章　看圖憶事

有一次，遇上颱風，
我焦急萬分，
帶領助手們把住房的門板卸下，
然後將秧苗從泥土中挖出，
抱到門板上，
小心地轉移到了安全的地方。

這是我們一家人到河南商城雞公山休假避暑時的合影（大約攝於1935—1936年間）。照片中前排從左到右是我的四弟隆德、哥哥隆津和我。當時我的年齡大概就是五六歲的樣子，我們三兄弟在美妙的山水間遊玩，心裏十分高興。後來日本侵略者入侵中國，大好的河山遭受踐踏蹂躪，百姓因此失去平安寧靜的生活，激起了我無比的痛恨。

1949 年我進相輝學院讀大學。共和國成立後，我原就讀的農藝系與其他學院的農學專業併為西南農學院。院址在北碚夏壩，現仍然留有相輝學院的舊址。我於 1999 年、2008 年分別去看了兩次，景物猶在，秀麗的嘉陵江順流而下，我們經常由這裏下到江邊去游泳的石階依然還在。這張照片拍的是 1999 年 11 月立於北碚的相輝學院舊址紀念碑。

在博中上學時，與我同桌的同學叫林華寶，後來他也是中國工程院院士。小的時候，他數學很好，但不會游泳。我就說我來教你游泳，你幫我解數學題，我們達成這樣一個協議。結果呢，他數學好，題目兩下就解出來了；我也把他游泳教會了。多年前開工程院院士會時，我們兩個見了面，他是國防科工委的。我問他游泳游得怎麼樣，他說在單位裏比賽得了第一名，而我的數學還是依然故我……

對當年的學習，我現在感到遺憾的就是數學沒學好。這張照片是我們當年做同學時的教室，這第三排的桌椅就曾是我們倆同坐的。

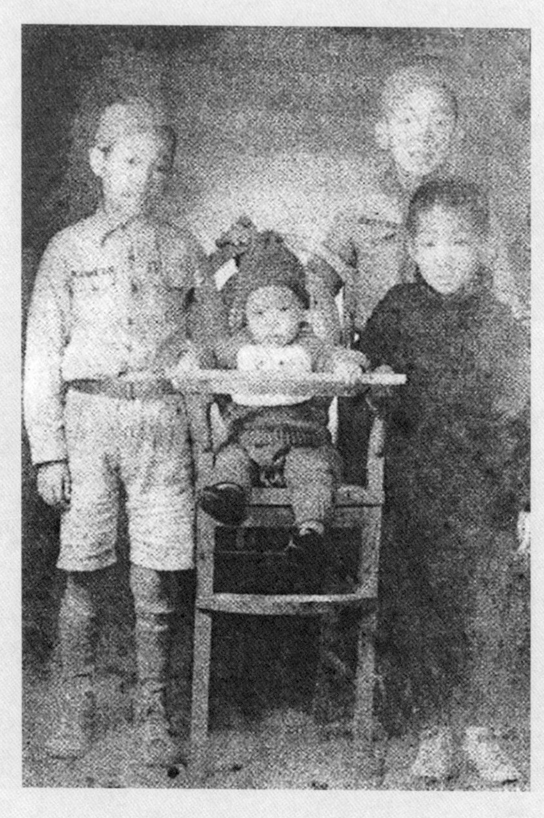

我們幾兄弟小時候的合影。當時我已經上小學了，從照片上可看出我哥哥隆津和我都加入了童子軍。前排右邊的是四弟隆德，正中最小的是五弟隆湘。我們兄弟五人，哥哥隆津，20 世紀 50 年代一直在新疆建設兵團任會計主任，1980 年病逝於新疆；三弟隆贛，1986 年從九江市物資局輕化建材公司退休；四弟隆德，是真正的德安人，曾為重慶市硅酸鹽研究所高級工程師，於 2008 年 12 月在重慶病逝；五弟隆湘，是馬鞍山鋼鐵學院的副教授，已退休。這張照片中沒有三弟，是因為過繼給了伯父。

這是大學時代課餘時間與同學一起到重慶北溫泉游泳時的合影，大概攝於1952 年。中排最右邊的女同學叫康杏媛，是我當時較為心儀的女孩子，但直到畢業也從未向她表白過。後來她分配到了貴州。她的一位同班同學和我是非常好的朋友，他說你為什麼不跟我講呢，我給你牽線就行了。我說我怕她不同意。我讀中學時的學校只收男生，這使我後來見了女孩就非常靦腆。現在她已經去世了。

1951 年我（左）和大學同學陳雲鐸（中）、梁元岡（右）在重慶北溫泉游泳的留影。那時我們想比比誰的體格更健美，所以打赤膊、亮胸肌，十分自豪。

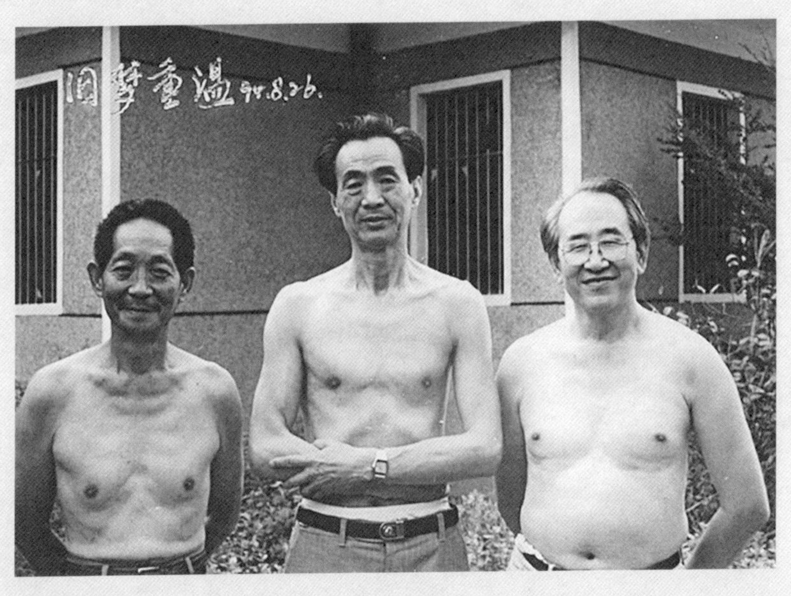

1994 年老校友重逢時又按原來姿勢合影留念，題曰「舊夢重溫」。時隔 40 餘年，我們沒有了健美的胸肌，除了梁元岡（右）發了一點福，我和陳雲鐸（中）都瘦，陳雲鐸更成了「排骨」。現在陳雲鐸已經去世，梁元岡也身體欠佳，旅居英國倫敦。

鄧則的這個「則」字在四川話裏，發音和「賊」字是一樣的。那時是「文化大革命」中，林彪反黨、反革命，被叫做「林賊」，所以我覺得叫「鄧則」不好。我就將她的「則」字改為「哲」字，我覺得「哲」字又好聽，意義又好，所以，鄧哲的「哲」是我給她取的，並一直在沿用。但現在，遇到別人邀請，她有時候跟我外出，人家給她訂機票時就會弄錯，因為「鄧哲」與身份證不相符，反而引起麻煩，所以，又還是改回來叫「鄧則」。

吳明珠（右）、向仲懷（中）兩位院士都是我西南農大的校友。2003 年他們來海南三亞南繁基地參觀了我們正在攻關的第二期超級雜交稻，非常振奮。吳明珠院士和我同屆，學園藝專業，她丈夫楊其佑當時是我同寢室上下鋪的同學。吳明珠後來在新疆研究甜瓜，育成了很多優良品種，產生了很大的經濟效益，被譽為「戈壁灘上的明珠」。她丈夫為了支持她的科研，也去了新疆，默默奉獻，後來得病去世了，離開時沒有職稱、沒有官銜。他們兩人的故事十分感人。向仲懷院士是西南農大的前任校長，他是中國工程院中唯一一位研究桑蠶的院士，他曾經主持完成世界第一個鱗翅目昆蟲家蠶基因組框架圖和全基因組基因芯片的研究，研究論文發表在 *Science* 雜誌上，引起很大反響。

1970 年，我們再次來到海南三亞，駐紮在南紅農場。有一次，遇上颱風，天降暴雨，大水在田間一下子泛濫，很快就要沒到膝蓋了。情況危急，得趕快搶救雄性不育試驗秧苗！我焦急萬分，帶領助手們把住房的門板卸下，然後將秧苗從泥土中挖出，抱到門板上，小心地轉移到了安全的地方。

我們在雲南元江進行試驗時，1970 年 1 月 6 日凌晨，發生了被記載在中國地震史上的滇南大地震，震中是距元江縣 150 千米的峨山縣，震級達到里氏 7.2 級。我們在睡夢中被驚醒，眼看着房子都要垮了，天花板上的石灰直往下掉。我趕忙叫起助手逃出去，但當時我們已經浸了種，準備播種。我們又冒險衝進去把種子救出來，因為種子很珍貴。之後餘震不斷，15 場，睡草蓆，足足堅持了 3 個月。

國際水稻研究所（IRRI）於 1979 年將中斷了幾年的雜交水稻研究課題重新上馬。隨後相當長一段時間，我十分頻繁地往返於菲律賓與中國之間，主要就是與 IRRI 的科學家一道開展雜交水稻的合作研究。這是 1981 年我和助手黎垣慶在 IRRI 的試驗田間鑒定雜種。黎垣慶曾鑒定出 IR26 恢復系。

這是 1980 年 5 月在美國拍的一張照片，其中左邊的是杜慎餘，右邊是陳一吾，中間是我。根據對外技術轉讓合同，1980 年我們三人應邀赴美國進行技術指導。每天，我們騎着自行車往返於駐地與試驗站之間，十分歡快愜意！但美國人喜歡養狗，有一次我們經過一家住戶時，這家養的狗兇狠地叫，並衝上來追我們。我和陳一吾騎的是掛擋的自行車，一下就衝出老遠；而杜慎餘騎的就是普通的自行車，跑不贏，被狗咬了褲子，他拚命蹬才掙開那條狗。但老美把狗訓練得很好，一過他主人家的界，它就不追，也不叫了。

1997 年我去墨西哥接受「作物遺傳與雜種優勢利用國際學術討論會」給我授予的「雜種優勢利用傑出先驅科學家」稱號，由伯勞格博士給我頒獎。伯勞格博士曾於 1970 年獲得「諾貝爾和平獎」，他育成的小麥品種在世界許多地區廣泛種植，引起一場「綠色革命」。他是一位非常謙虛的科學家，記得當時他給我授獎時，因為攝影的人沒弄好，錯過了鏡頭的拍攝。過後曾要求他重頒一次，以補拍照片，他十分樂意地又給我重頒了一次獎。

2004 年，我獲得「世界糧食獎」，又是伯勞格博士給我頒的獎。他是世界糧食獎基金會的創始人之一。當時我還參加了為他慶祝 90 歲生日的活動，我覺得他心態很好，十分健談，而且非常活躍。他在席間還高歌一曲，給我留下極深的印象。2009 年，他與世長辭的消息傳來時，我深感痛惜，也深深地懷念他！這是世界農業科技界的重大損失。

我在國外做報告的時候，把稻穗像瀑布一樣的超級雜交稻照片一打出來，外國人看了之後非常驚訝。有一次在孟加拉國，本來做報告做完了之後大家才鼓掌，可當我把這個超級稻 Waterfall Rice 的圖一展示出來，孟加拉國的農業部女部長就站起來拍巴掌，她非常興奮、驚歎。

1992 年我去印度當 FAO（聯合國糧農組織）顧問。那時 FAO 給我的待遇很高，住五星級賓館，1 天 500 多美元，1 個月是 1 萬多美元，要我在那裏呆 3 個月至半年。結果我 3 個禮拜就回來了，因為當時國內兩系法雜交稻的研究正處於關鍵時期，正需要大家共同努力，攻克難關，所以我不可能把時間花在在國外享受優厚的待遇上。

Dream under Rice Panicles

日有所思，夜有所夢。我曾夢見雜交水稻的莖稈像高粱一樣高，穗子像掃帚一樣長，籽粒像花生米一樣大，我和助手們一塊在稻田裏散步，在稻穗下面乘涼⋯⋯後來我把這個夢稱為「禾下乘涼夢」。1999 年，我又做了一次夢。那時我們到雲南去驗收一塊高產田裏我們的品種。我們去的頭一天，我就做了夢，這次不是一株水稻了，而是夢見一棵大樹，哎呀，上面全部結的有花生米那麼大的稻穀，那個樹好大啊！樹冠半徑有 30~40 米，我好興奮！這是我的夢想，是我追求的目標。我把這個夢給人説過，後來我們長沙市芙蓉區政府特製了湘繡畫屏《禾下乘涼夢》贈送給我。

2003 年我去菲律賓，菲律賓的農民已經在大面積種植雜交水稻了。他們因為獲得豐收而非常喜悅。我問一個農民：「這個稻把子重不重？」他說：「很重！」我又問他：「你高興不高興？」他說：「很高興！」在英文中，「重的」與「高興的」發音很相近，一個是 heavy, 一個是 happy。他就說：「Very heavy!」「Very happy!」

2008 年我被選為北京奧運會火炬傳遞湖南的頭棒火炬手，感到非常光榮！奧運會使中國充分顯示了立於世界民族之林的能力。同時，火炬的傳遞更是中華民族精神的傳承。古人有「先天下之憂而憂，後天下之樂而樂」的情懷，當我手持火炬時，感到的是一種拚搏和超越的力量。我有一個最大的心願是「發展雜交水稻，造福世界人民」。目前，我們正在攻關第五期每公頃 16 噸的超級雜交稻，奧運精神必將繼續鼓舞我們奮勇爭先，繼續使中國雜交水稻研究處於世界領先水平。

喀麥隆學員西比亞帕（左 1）憶述：我們在這裏參加雜交水稻技術培訓期間，天天吃大米，非常的快樂。在喀麥隆大家最喜歡的就是大米，但平均每個星期只能吃兩次。我們希望通過雜交水稻的推廣，讓喀麥隆人民每天都能吃上大米。

尹華奇憶述：1980 年代開始，地理條件幾乎和中國憑祥相同的越南同登一帶農村已通過邊貿悄悄種植起了雜交水稻。1992 年我到越南給 48 個縣輪流辦培訓班時，就驚訝地發現，早在 1980 年代，越南就已翻譯出版了袁隆平的第一本書《中國的雜交水稻》。越南政府對於雜交水稻的推廣，是有一套辦法的。越南人民也非常感謝袁隆平，他們的大學課本裏就有袁隆平的事蹟，他們的農民看到袁隆平一樣感到很親切。

辛業芸憶述：2004 年，袁院士榮獲「世界糧食獎」。10 月 11 日至 19 日，我有幸陪同袁院士及夫人赴美參加「世界糧食獎」頒獎活動。由於那年是聯合國確定的「國際水稻年」，因而所有的活動都圍繞糧食安全的主題進行。在艾奧瓦州首府得梅因金色穹頂的州議會大廈大廳內，隆重的頒獎儀式在高亢嘹亮的號角聲中開始。世界糧食獎基金會在給予袁院士的頒獎詞中讚譽：「袁隆平教授以 30 多年卓傑研究的寶貴經驗和為促使中國由糧食短缺轉變為糧食充足供應做出的巨大貢獻而獲獎，他正在從事的『超級雜交稻』研究，為保障世界糧食安全和解除貧困展示了廣闊前景；他的成就和遠見卓識，還營造了一個糧食更為富足、糧食安全具有保障的更加穩定的世界。同時，袁隆平教授致力於將技術傳授並應用到包括美國在內的其他 10 多個國家，使這些國家已經受到很大的裨益。」應邀前來的菲律賓農業部部長還介紹了在應用雜交水稻技術後對菲律賓糧食生產及安全保障產生的作用和影響。頒獎結束後舉行了盛大的慶祝宴會，在一隻印有「The World Food Prize」字樣的藍色地球般的巨型氣球映襯下，獲獎嘉賓以及全體賓朋入席就座，一名小提琴女演奏手始終拉着悠揚的舒伯特《小夜曲》和其他優美樂曲在附近遊走，一撥撥不同膚色的美國青年跑來袁先生跟前要求簽名和留影，那情形跟中國的追星族一模一樣。

PROF. YUAN LONGPING
2004 World Food Prize Laureate

辛業芸憶述：2004 年 10 月 17 日，我們一行從美國艾奧瓦州得梅因參加完「世界糧食獎」頒獎活動，啟程前往位於西南部得克薩斯州休斯敦的美國水稻技術公司。因我們一行人多行李也多，漏下了一件行李在機場，而這件行李不是別的，恰恰正是袁院士剛剛領回的「世界糧食獎」獎杯！遭受「9 · 11」沉重打擊的美國人，已經成了驚弓之鳥，面對這件有着十分分量的物件，感到非常緊張，「難道是誰蓄意留下的定時炸彈？」機場的工作人員把它移交給安檢，警察十分謹慎小心地打開，他們驚異地張開大嘴，興奮地叫起來：「『世界糧食獎』的一位獲獎人居然到了我們休斯敦！」

此後，世界糧食獎基金會所設立的全球青年學院每年夏季都派駐美國實習生到湖南雜交水稻研究中心實習，此項目意在派遣美國高中生到世界著名的農業科研機構以及世界糧食獎獲獎者所在的機構實習，體會農業科學研究的艱辛探索和感受世界糧食獎得主獻身農業科技事業的不懈追求，從而激發實習生對科技，特別是農業科技實踐的嚮往。到現在，湖南雜交水稻研究中心已總共接受 11 位美國實習生實習。2013 年 10 月，我作為該項目湖南雜交水稻研究中心責任人，應邀前往美國艾奧瓦州首府得梅因參加 2013 年度世界糧食獎頒獎暨「伯勞格對話」國際會議及其全球青年學院專家活動等。令人驚喜的是，不但見到世界糧食獎基金會理事長肯尼斯 · 奎恩先生，還見到德高望重的斯瓦米納森博士和庫西博士等著名科學家。作為袁隆平院士的老朋友，他們都十分關注袁先生在雜交水稻研發上的進展與成就，令我特別高興。

辛業芸憶述：2004 年 11 月，袁隆平專程前往菲律賓馬尼拉出席國際水稻年盛會 —— 國際水稻論壇。其間應前國際水稻研究所所長 Cantrell 博士之邀，來到他的辦公室暢談水稻研究與發展的前景。Cantrell 博士曾對袁隆平的研究和工作做過這樣的評價：「所有搞水稻研究的人都有一個共同的願望，這就是使世界上的人都能享用充足的稻米，而你在研究和發展雜交水稻方面的開創性工作，使我們越來越接近這個目標。中國一半耕地面積上已經種植了雜交水稻，不僅如此，亞洲的產稻國都希望跟隨你發展適合他們當地條件的雜交水稻技術。」

THE STUTTGART DAILY LEADER

Wednesday, Mar. 6, 1996.

DISTINGUISHED VISITOR - Professor Yuan Longping (left), director general of the Chinese National Hybrid Rice Research Center, visited with Dr. J. Neil Rutger (left) and his staff at the University of Arkansas Rice Research Center in Stuttgart this week. (Photo by Lori Wilson)

'Father of hybrid rice' visits Stuttgart rice research center

The staff at the University of Arkansas Rice Research Center in Stuttgart entertained a distinguished visitor this week when Professor Yuan Longping paid a call.

Longping, the "father of hybrid rice," is director general of the Chinese National Hybrid Rice Research Center in central China. According to Dr. J. Neil Rutger, director of the Stuttgart research facility, Longping is personally responsible for developing hybrid rice, which yields 15 percent more than standard rice, and is now grown on 40 million acres in China.

The additional rice produced by the hybrids is enough to feed 100 million people each year, according to Rutger. Much of the research being done on rice variety development in based on Longping's work.

Among the international honors Longping has received for his work in rice variety development are the National Special Invention Prize by the State Council of China in 1981; the 1987 Science Prize from UNESCO; the Rank Foundation Prize in London, England in 1988; the Feinstein Merit Award for the Prevention and Reduction of World Hunger from Brown University, U.S.A. in 1993; and the Medal of Food Security in Quebec, Canada in 1995.

Rutger insists that Longping is deserving of the Nobel Prize for his continuing work in the development of hybrid rice strains.

黎垣慶憶述：20 世紀 90 年代，我曾經作為袁隆平先生的助手，在美國國家水稻研究中心開展無融合生殖合作研究。1993 年袁先生獲得美國費因斯特基金會「拯救世界飢餓獎」，去美國布朗大學參加頒獎儀式，美國國家水稻研究中心主任 Rutger 博士是袁先生入圍該獎後選人的推薦者之一。在領獎會上，校長放了 Rutger 講話的一段錄像，Rutger 說：「袁隆平教授的成就可以得諾貝爾獎金。」3 年後袁先生訪問美國國家水稻研究中心，Rutger 博士再次表明這個觀點，說袁隆平教授研究成功的雜交水稻為解決世界糧食問題開創出了一條快捷有效的途徑，他值得獲諾貝爾獎。

附錄

袁隆平生平大事年表（1929-2021）

1929 零歲　8月13日（農曆七月初九）出生於北京協和醫院。

1931—1936 二一七歲　隨父母居住北平，天津，江西贛州、德安，湖北漢口等地。

1936—1942 七一十三歲　先後在漢口扶輪小學、湖南省澧縣弘毅小學、重慶龍門浩中心小學學習。

1942—1949 十三一二十歲　先後在重慶復興初級中學、重慶贛江中學、重慶博學中學、漢口博學中學、南京中央大學附中高中學習。

1949—1950 二十一二十一歲　在重慶北碚夏壩的相輝學院農藝系學習。

1953 二十四歲　畢業於西南農學院農學系，被分配到湖南省安江農校教書。

1956 二十七歲　在安江農校開始從事農業育種研究。

1961 三十二歲　在安江農校實習農場早稻田中發現特異稻株。隨後根據試驗推斷其為天然雜交稻稻株，進而形成研究水稻「雄性不孕性」的思路。

1964 在洞庭早秈稻田中發現「天然雄性不育株」。與鄧則結婚。
三十五歲

1966 在《科學通報》第 17 卷第 4 期上發表第一篇論文《水稻的雄性不孕性》。國家科委致函湖南省科委與安江農校，支持袁隆平的水稻雄性不育研究。
三十七歲

1967 與李必湖、尹華奇正式組成水稻雄性不育科研小組。
三十八歲

1969 到雲南省元江縣加速繁殖不育材料。
四十歲

1970 助手李必湖和馮克珊在海南島南紅農場找到「野敗」，為秈型雜交稻三系配套打開了突破口。
四十一歲

1971 調至湖南省農業科學院新成立的雜交水稻研究協作組工作。
四十二歲

1972 選育出中國第一個應用於生產的不育系「二九南 1 號 A」。
四十三歲

1973 在蘇州召開的水稻科研會議上發表《利用「野敗」選育三系的進展》的論文，正式宣告中國秈型雜交水稻三系已配套成功。
四十四歲

1974 育成了中國第一個強優勢雜交組合「南優 2 號」，攻克了優勢關。
四十五歲

1976 赴海南指揮雜交水稻製種，任技術總顧問。製種面積達 60 000 畝，其中湖南省 30 000 畝。
四十七歲

1977 發表《雜交水稻培育的實踐和理論》與《雜交水稻製種和高產的
四十八歲 關鍵技術》兩篇論文，總結 10 年來雜交水稻研究與應用的經驗。

1978 出席全國科學大會並獲獎。晉升為湖南省農業科學院研究員。
四十九歲

1979 赴菲律賓出席國際水稻研究所召開的學術會議，宣讀《中國雜交
五十歲 水稻育種》論文。獲國務院授予的全國先進科技工作者與全國勞動模範的稱號。任農業部科學技術委員會委員、中國作物學會副理事長等多種職務。

1980 應邀赴美國擔任雜交稻製種技術指導，赴菲律賓國際水稻研究
五十一歲 所進行技術指導與合作研究。在雜交稻技術國際培訓班（由中國農業科學院和國際水稻研究所合辦）授課。

1981 由其領導的全國秈型雜交水稻科研協作組獲國內第一個特等發
五十二歲 明獎。

1982 被國際同行譽為「雜交水稻之父」。
五十三歲

1984 出任湖南雜交水稻研究中心主任。
五十五歲

1985 獲聯合國知識產權組織頒發的「傑出發明家」金質獎章和榮譽
五十六歲 證書。

1986 培育成雜交早稻新組合「威優 49」。應邀出席在意大利召開的「利
五十七歲 用無融合生殖進行作物改良的潛力」國際學術討論會。在長沙召開的首屆雜交水稻國際學術討論會上報告《雜交水稻研究與發展現狀》，提出今後雜交水稻發展的戰略設想。

1987 任國家「863」計劃 1-01-01 專題組組長。獲聯合國教科文組織
五十八歲 巴黎總部頒發的 1986—1987 年度科學獎。

1988 育成光敏核不育系。獲英國 Rank 基金會頒發的農學與營養獎。
五十九歲

1990 任聯合國糧農組織首席顧問，並受聯合國糧農組織委託赴印度
六十一歲 指導雜交水稻技術。

1991 任湖南省農業科學院名譽院長。
六十二歲

1992 出席並主持在湖南長沙召開的水稻無融合生殖國際學術討論
六十三歲 會。率中國代表團參加在菲律賓國際水稻研究所召開的第二屆雜交水稻國際學術討論會。

1993 獲美國費因斯特（Feinstein）基金會頒發的「拯救世界飢餓」（研
六十四歲 究）榮譽獎。

1994 獲首屆何梁何利基金科學與技術進步獎（生物類）。
六十五歲

1995 當選為中國工程院院士。獲聯合國糧農組織「糧食安全保障」
六十六歲 榮譽獎章。任「國家雜交水稻工程技術研究中心」主任。

1996 出席由中宣部與中華全國總工會在北京人民大會堂聯合舉行的
六十七歲 「全國科技十傑」表彰大會，發表題為《攀登雜交水稻研究新高峰，解決中國人吃飯問題是我的畢生追求》的演講。獲日本經濟新聞社頒發的日經亞洲獎。

1997 六十八歲 獲「國際農作物雜種優勢利用傑出先驅科學家」榮譽稱號。

1998 六十九歲 出席在北京召開的第18屆國際遺傳學大會，做《超高產雜交稻選育》報告。出席在上海舉行的「第六屆國際水稻分子生物學會議」。獲日本「越光國際水稻獎」。

1999 七十歲 「袁隆平農業高科技股份有限公司」正式掛牌成立。出席在長沙舉行的「袁隆平農業科技獎」首屆頒獎儀式暨「袁隆平學術思想與科研實踐研討會」。出席在北京人民大會堂舉行的「袁隆平星」小行星命名儀式。

2000 七十一歲 赴菲律賓國際水稻研究所參加水稻科研會議，宣讀《超級雜交稻育種》論文。

2001 七十二歲 獲首屆「國家最高科學技術獎」。菲律賓拉蒙·麥格賽賽基金會頒發的拉蒙·麥格賽賽獎。

2004 七十五歲 獲以色列沃爾夫基金會頒發的「沃爾夫獎」(Wolf Prize)。主持雜交水稻研究40周年紀念大會暨國際雜交水稻與世界糧食安全論壇。獲美國世界糧食獎基金會頒發的「世界糧食獎」。被評為中央電視台「感動中國·2004年度人物」十大人物之一。

2005 七十六歲 亞太地區種子協會(APSA)年會上被授予「APSA傑出研究成就獎」。

2006 七十七歲 當選為美國科學院外籍院士。

2007 七十八歲 出席在長沙舉行的「中國國家雜交水稻工程技術研究中心與美國先鋒海外公司科技合作」的協議簽字儀式，並代表中方簽字。

2008 出席在湖南長沙召開的第五屆國際雜交水稻學術研討會，做《中
七十九歲 國超級雜交稻研究的最新進展》的學術報告。榮獲「改革之星—影響中國改革開放 30 年 30 人」「中國改革開放 30 年・影響中國經濟 30 人」和「中國改革開放 30 年・中國三農人物 30 人」等稱號。獲影響世界華人終身成就獎。

2009 出席雜交水稻技術對外合作部長級論壇。入選新中國成立以來
八十歲 100 位感動中國人物。

2010 獲得法蘭西共和國最高農業成就騎士勳章（指揮官級）、日本新
八十一歲 潟國際糧食獎。

2011 赴台灣訪問「中央研究院植物暨微生物學研究所」，開展學術交
八十二歲 流。獲得國務院「全國糧食生產突出貢獻農業科技人員」榮譽稱號。

2012 獲得馬來西亞馬哈蒂爾科學獎。榮獲中國科協「十佳全國優秀
八十三歲 科技工作者」稱號。獲得中國非洲人民友好協會「第四屆中非友好貢獻獎」。赴印度海德拉巴出席「第六屆雜交水稻國際會議」，並做指導雜交水稻未來發展的重要學術報告。

2013 出席首屆菲律賓雜交水稻大會。出席中國郵政在懷化安江舉行的
八十四歲 「雜交水稻」特種郵票發行首發式。

2014 舉行雜交水稻研究 50 周年、湖南雜交水稻研究中心成立 30 周
八十五歲 年紀念活動。獲得國家科技進步獎特等獎，入選「中國種業十大功勳人物」「中央電視台 2014 年度科技創新人物」。在由中國科學院、中國工程院舉辦的年度中國十大科技進展新聞評選活動中，被評為 2014 中國科學年度十大新聞人物。

2015 獲世界華商投資基金會頒發的世界傑出華人獎。
八十六歲

2016 獲香港呂志和—持續發展獎。
八十七歲

2017 袁隆平研發的「海水稻」試種成功，畝產最高620公斤。
八十八歲

2018 當選中國發明協會首屆會士。9月8日，獲得「未來科學大獎」生命科學獎。12月18日，黨中央、國務院授予袁隆平改革先鋒稱號，頒授改革先鋒獎章，獲評雜交水稻研究的開創者。
八十九歲

2019 9月17日 國家主席習近平簽署主席令，授予袁隆平「共和國勛章」。獲「最美奮鬥者」個人稱號。
九十歲

2020 獲智利政府頒發的麥哲倫海峽獎。
九十一歲

2021 5月22日 於長沙逝世。
九十二歲

袁隆平主要著述目錄

1 袁隆平．水稻的雄性不孕性．科學通報，1966 (4) ：185－188.

2 袁隆平．雜交水稻製種和高產的關鍵技術．遺傳與育種，1977 (1) ：4－5.

3 袁隆平．雜交水稻培育的實踐和理論．中國農業科學，1977 (1) ：27－31.

4 袁隆平．中國雜交水稻育種概況 —— 水稻雜種優勢利用研究．北京：中國農業出版社，1980：8－20.

5 袁隆平，孫梅元．雜交水稻新組合威優 64．農業科技通訊，1984 (5) ：1－2.

6 袁隆平．雜交水稻超高產育種探討．雜交水稻，1985 (3) ：1－8.

7 袁隆平．雜交水稻簡明教程（中英對照）．長沙：湖南科學技術出版社，1985.

8 袁隆平，費馬尼．雜交水稻育種的程序．雜交水稻國際學術討論會論文集，1986：449－450.

9 袁隆平，費馬尼．雜交水稻研究的現狀與展望．雜交水稻國際學術討論會論文集，1986：1－11.

10 袁隆平．中國的雜交水稻．雜交水稻，1986 (1) ：5－10.

11 羅孝和，袁隆平．水稻廣親和系的選育．雜交水稻，1986 (2) ：2－3.

12 袁隆平．利用無融合生殖改良作物的潛力．作物雜誌，1986 (3) ：1－3.

13 袁隆平．雜交水稻育種的戰略設想．雜交水稻，1987 (1) ：1－3，35－38.

14 袁隆平，陳洪新，王三良，等．雜交水稻育種栽培學．長沙：湖南科學技術出版社，1988.

15 袁隆平，顧銘洪 .「無融合生殖」水稻 84-15 還有待科學驗證 . 雜交水稻，1989 (4) ：2－3.

16 袁隆平 . 兩系法雜交水稻研究的進展 . 中國農業科學，1990，23 (3) ：1－6.

17 袁隆平 . 選育水稻光、溫敏核不育系的技術策略 . 雜交水稻，1992，33 (1) ：1－4.

18 李新奇，袁隆平 . 水稻低溫敏兩用不育系的選育和利用研究 . 湖南農業科學，1993 (1) ：10－11，36.

19 袁隆平 . 水稻光、溫敏核不育系的提純和原種生產 . 雜交水稻，1994 (6) ：1－3.

20 袁隆平，李繼明 . 兩系法雜交水稻研究 . 湖南農業科學，1995 (6) ：4－5.

21 袁隆平 . 選育水稻亞種間雜交組合的策略 . 雜交水稻，1996，57(2)：1－3.

22 袁隆平 . 從育種角度展望中國水稻的增產潛力 . 雜交水稻，1996(4)：1－2.

23 袁隆平，武小金，顏應成，羅孝和 . 水稻廣譜廣親和系的選育策略 . 中國農業科學，1997，30 (4) ：5－8.

24 袁隆平 . 中國兩系法雜交水稻研究的形勢、任務和發展前景 . 農業現代化研究，1997，18 (1) ：1－3.

25 袁隆平 . 雜交水稻超高產育種 . 雜交水稻，1997，12 (6) ：1－6.

26 袁隆平 . 農作物兩系法雜種優勢利用的現狀與前景 . 中國學術期刊文摘，1998，4 (1) ：1－4.

27 袁隆平，唐傳道 . 雜交水稻選育的回顧、現狀與展望 . 中國稻米，1999 (4) ：3－6.

28 袁隆平 . 水稻強化栽培體系 . 雜交水稻，2001 (4) ：1－3.

29 袁隆平 . 雜交水稻學 . 北京：中國農業出版社，2002.

30 袁隆平 . 選育超高產雜交水稻的進一步設想 . 雜交水稻，2012 (6) ：1－3.

31 Yuan Longping. A Preliminary Report on Male Sterility in Rice，Oryza sativa L. Scientia Sinica Bulletin. 17(4)：185-188.

32 Lin shicheng，Yuan longping. Hybrid Rice Breeding in China. International Rice Research Conference，1979：35-51.

33 Li Jiming，Yuan Longping. Hybrid Rice Genetics，Breeding and Seed Production. Plant Breeding Review，17：15-158.

34 Yuan Longping. Increasing Yield Potential in Rice by Exploitation of Heterosis. The International Rice Research Conference，1992，Hybrid Rice：New Developments and Future Prospects，Pages 1-6，IRRI，Manila，Philippines.

35 Yuan Longping. Recent breakthroughs in hybrid rice research and development in China. Int.Rice Commission Newsl.1992，41：7-13.

36 Yuan Longping. Current Status of Hybrid Rice in China and Future Strategies for 21st Century. Hybrid Rice Seed Production Technology：Theory and Practic，Pages 31-33，1995. Hyderabad，India.

37 Yuan Longping，Fu Xiqin.Technology of hybrid rice production. A manual published by FAO，1995.

38 Xiao Jinhua，Silvana Grandillo，Sang Nag Ahn，Susan R. McCouch，Steven D. Tanksly，L. Yuan. Genes from wild rice improve yield. Nature，Vol 384：223-224.

39 Yuan Longping. Hybrid Rice Development and Use：Innovative Approach and Challenges. The 19th Session of International Rice Commission，1998，Cairo，Egypt.

40 J.Yu，S.Hu，J.Wang，G.K.S.Wong，S.Li，B.Liu，Y.Deng，L.Dai，Y.zhou，X.zhang，M.cao，J.Liu，J.Sun，J.Tang，Y.Chen，X.Huang，W.Lin，C.Ye，W.Tong，L.Cong，J.Geng，Y.Han，L.Li，W.Li，G.Hu，X.Huang，W.Li，J.Li，Z.Liu，L.Li，J.Liu，Q.Qi，J.Liu，L.Li，T.Li，X.Wang，H.Lu，T.Wu，M.Zhu，P.Ni，H.Han，W.Dong，X.Ren，X.Feng，P.Cui，X.Li，H.Wang，X.Xu，W.Zhai，Z.Xu，

J.Zhang，S.He，J.Zhang，J.Xu，K.Zhang，X.Zheng，J.Dong，W.Zeng，L.Tao，J.Ye，J.Tan，X.Ren，X.Chen，J.He，D.Liu，W.Tian，C.Tian，H.Xia，Q.Bao，G.Li，H.Gao，T.Cao，J.Wang，W.Zhao，P.Li，W.Chen，X.Wang，Y.Zhang. J.Hu，J.Wang，S.Liu，J.Yang，G.Zhang，Y.Xiong，Z.Li，L.Mao，C.Zhou，Z.Zhu，R.Chen，B.Hao，W.Zheng，S.Chen，W.Guo，G.Li，S.Liu，M.Tao，J.Wang，L.Zhu，L.Yuan and H.Yang. A draft sequence of the rice genome (Oryza sativa L.ssp.indica).Science，2002，296： 79-92.

41 Yuan Longping. Recent Progress in Breeding Super Hybrid Rice in China. The paper was published in Hybrid Rice for Food Security，Poverty Alleviation and Environmental Protection (Proceedings of the 4th International Symposium on Hybrid Rice，Hanoi，Vietnam，14-17 May，2002)，IRRI，2003.

42 Yuan Longping. Hybrid Rice Technology for Food Security in the World. The 4th International Hybrid Rice Symposium，2002，Hanio，Vietnam.

43 Yuan Longping. Progress in Breeding Super Hybrid Rice in China. International Rice Forum，2004，Manila，Philippines.

44 J,Li，J.Xiao，S.Grandillo，L.Jiang，Y.Wan，Q.Deng，L.Yuan and S.R.McCouch.QTL detection for rice grain quality traits using an interspecific backcross population derived from cultivated Asian (O.sativa L.) and African (O.glaberrima S.) rice. Genome，2004，47： 697-704.

45 J.Yu，J.Wang，W.Lin，S.Li，H.Li，J.Zhou，P.Ni，W.Dong，S.Hu，C.Zeng，J.Zhang，Y.Zhang，R.Li，Z.Xu，S.Li，X.Li，H.Zheng，L.Cong，L.Lin，J.Yin，J.Geng，G.Li，J.Shi，J.Liu，H.Lv，J.Li，J.Wang，X.Wang，D.Liu，D.Liu，X.Zhang，Z.Ji，W.Zhao，Y.Sun，Z.Zhang，J.Bao，Y.Han，L.Dong，J.Ji，P.Chen，S.Wu，J.Liu，Y.Xiao，D.Bu，J.Tan，L.Yang，C.Ye，J.Zhang，J.Xu，Y.Zhou，Y.Yu，B.Zhang，S.Zhuang，H.Wei，B.Liu，M.Lei，H.Yu，Y.Li，H.Xu，S.Wei，X.He，L.Fang，Z.Zhang，Y.Zhang，X.Huang，

Z.Su，W.Tong，J.Li，Z.Tong，S.Li，J.Ye,L.Wang，L.Fang，T.Lei，C.Chen，H.Chen，Z.Xu，H.Li，H.Huang，F.Zhang，H.Xu，N.Li，C.Zhao，S.Li，L.Dong，Y.Huang，L.Li，Y.Xi，Q.Qi，W.Li，B.Zhang，W.Hu，Y.Zhang，X.Tian，Y.Jiao，X.Liang，J.Jin，L.Gao，W.Zheng，B.Hao，S.Liu，W.Wang，L.Yuan，M.Cao，J.McDermott，R.Samudrala，J.Wang，G.K.S.Wong and H.Yang. The genomes of Oryza sativa：A history of duplications. PLoS Biology，2005，3：266-81.

46 Gang Wei，Yong Tao，Guozhen Liu，Chen Chen，Renyuan Lu，Hongai Xia，Qiang Gan，Haipan Zeng，Zhike Lu，Yuning Han，Xiaobing Li，Guisheng Song，Hongli Zhai，Yonggang Peng，Dayong Li，Honglin Xu，Xiaoli Wei，Mengliang Cao，Huafeng Deng，Yeyun Xin，Xiqin Fu，Longping Yuan，Jun Yu，Zhen Zhu，Lihuang Zhu. A transcriptomic analysis of super hybrid rice LYP9 and its parents. PNAS，2009，19：7 695-7 701.

47 Jiming Li，Yeyun Xin，and Longping Yuan. Hybrid rice technology development—Ensuring China's food security. IFPRI (USA)，2009.

48 Yuan Longping，Wu Xiaojin，Liao Fuming，et al. Hybrid Rice Technology.Beijing，China：China Agriculture Press，2003.

49 Gao He，Jin MingNa，Zheng XiaoMing，Chen Jun，Yuan Dingyang，Xin Yeyun，Wang Maoqing，Huang Dongyi，Zhang Zhe，Zhou Kunneng，Sheng Peike，Ma Jin，Ma Weiwei，Deng Huafeng，Jiang Ling，Liu Shijia，Wang Haiyang，Wu Chuanyin，Yuan Longping，Wan JianMin. DTH7，encoding a CCT domain protein，is a major determinant of photoperiod sensitivity in rice. PNAS，2014，51：18 399-18 400.

袁隆平寫給母親的信

稻子熟了，媽媽，我來看您了。

本來想一個人靜靜地陪您説會話，安江的鄉親們實在是太熱情了，天這麼熱，他們還一直陪着，謝謝他們了。

媽媽，您在安江，我在長沙，隔得很遠很遠。我在夢裏總是想着您，想着安江這個地方。

人事難料啊，您這樣一位習慣了繁華都市的大家閨秀，最後竟會永遠留在這麼一個偏遠的小山村。還記得嗎？1957 年，我要從重慶的大學分配到這兒，是您陪着我，臉貼着地圖，手指順着密密麻麻的細線，找了很久，才找到地圖上這麼一個小點點。當時您歎了口氣說：「孩子，你到那兒，是要吃苦的呀……」

我説：「我年輕，我還有一把小提琴。」

沒想到的是，為了我，為了幫我帶小孩，把您也拖到了安江。最後，受累吃苦的，是媽媽您吶！您哪裏走得慣鄉間的田埂！我總記得，每次都要小孫孫牽着您的手，您才敢走過屋前屋後的田間小道。

安江是我的一切，我卻忘了，對一輩子都生活在大城市裏的您來説，70 歲了，一切還要重新來適應。

我從來沒有問過您有什麼難處，我總以為會有時間的，會有時間的，等我閑一點一定好好地陪陪您……

哪想到，直到您走的時候，我還在長沙忙着開會。那天正好是中秋節，全國的同行都來了，搞雜交水稻不容易啊，我又是召集人，怎麼着也得陪大家過這個節啊，只是兒子永遠虧欠媽媽您了……

其實我知道，那個時候已經是您的最後時刻。我總盼望着媽媽您能多撐兩天。誰知道，即便是天不亮就往安江趕，我還是沒能見上媽媽您最後一面。

太晚了，一切都太晚了，我真的好後悔。媽媽，當時您一定等了我很久，盼了我很長，您一定有很多話要對兒子說，有很多事要交代。可我怎麼就那麼糊塗呢！這麼多年，為什麼我就不能少下一次田，少做一次實驗，少出一天差，坐下來靜靜地好好陪陪您。哪怕……哪怕就一次。

媽媽，每當我的研究取得成果，每當我在國際講壇上談笑風生，每當我接過一座又一座獎杯，我總是對人說，這輩子對我影響最深的人就是媽媽您啊！

無法想像，沒有您的英語啟蒙，在一片閉塞中，我怎麼能夠閱讀世界上最先進的科學文獻，用超越那個時代的視野，去尋訪遺傳學大師孟德爾和摩爾根？無法想像，在那段顛沛流離的歲月中，從北平到漢口，從桃源到重慶，沒有您的執着和鼓勵，我怎麼能獲得系統的現代教育，獲得在大江大河中自由翱翔的膽識？無法想像，沒有您在搖籃前跟我講尼采，講這位昂揚着生命力、意志力的偉大哲人，我怎麼能夠在千百次的失敗中堅信，必然有一粒種子可以使萬千民眾告別飢餓？

他們說，我用一粒種子改變了世界。我知道，這粒種子，是媽媽您在我幼年時種下的！

稻子熟了，媽媽，您能聞到嗎？安江可好？那裏的田埂是不是還留着熟悉的歡笑？隔着 21 年的時光，我依稀看見，小孫孫牽着您的手，走過稻浪的背影；我還要告訴您，一輩子沒有耕種過的母親，稻芒劃過手掌，稻草在場上堆積成垛，穀子在陽光中畢剝作響，水田在西曬下泛出橙黃的味道。這都是兒子要跟您說的話，說不完的話啊……

媽媽，稻子熟了，我想您了！

參考文獻

1 袁隆平 . 雜交水稻簡明教程 . 長沙：湖南科學技術出版社，1985.

2 袁隆平，陳洪新，王三良等 . 雜交水稻育種栽培學 . 長沙：湖南科學技術出版社，1988.

3 湖南雜交水稻研究中心編 . 雜交水稻國際學術討論會論文集 . 北京：學術期刊出版社，1988.

4 中國農業科學院，湖南省農業科學院主編 . 中國雜交水稻的發展 . 北京：中國農業出版社，1991.

5 賀浩華，元生朝編著 . 兩系雜交水稻的研究與應用 . 南昌：江西科學技術出版社，1993.

6 袁隆平主編 . 雜交水稻學 . 北京：中國農業出版社，2002.

7 謝長江 . 功勳科學家—袁隆平 . 北京：中國農業出版社，1996.

8 唐 · 帕爾伯格著，王應雲譯 . 走向豐衣足食的世界 . 北京：中國農業科技出版社，1990.

9 左一兵，辛業芸 . 大師境界 . 南昌：百花洲文藝出版社，2006.

10 謝長江，陳玉和，高彩均 . 老驥之志 帷幄之才—陳洪新與雜交水稻 . 長沙：湖南科學技術出版社，2006.

11 謝長江編著 . 袁老師，我們敬愛的良師益友 . 長沙：湖南科學技術出版社，2007.

再版後記

距《袁隆平口述自傳》2010年8月首次出版已經五年了。這幾年，看過《袁隆平口述自傳》的很多人都反饋給我信息，認為讀完後真正了解了袁隆平其人。有一天，我按捺不住拿了一本找到袁院士，說：「袁老師，整理完這本書，我特別想請您對我寫幾句鼓勵的話。」可是等我再從袁院士手中接過書時，翻開來看，袁院士卻寫了一句話：「感謝你整理了這本真實的傳記！」我非常激動，倍感欣慰，還有什麼比這個評價更有分量呢？當然也給了我莫大的鼓舞。

當《袁隆平口述自傳》初稿整理近尾聲時，正值2008北京奧運會開幕之際，我特別感到激動和振奮，一方面覺得經自己之手將袁先生敍述的人生境遇、科研歷程和品性修養等整理成傳發表，是我的一大幸事；另一方面則是因為中國人終於圓了百年奧運夢想而感到暢快、愜意。二者在時間上的奇妙耦合，我仿佛覺得其間存在一種共鳴，不單是因為袁先生對國家和全人類的貢獻，當之無愧地成為奧運火炬傳遞三湘第一棒；更由於在更高、更快、更強的奧運精神背後，「挑戰」與「拚搏」正是這位科學家永恆的人生境界。

我大學畢業後先是在湖南省農科院辦公室工作了8年，然後來到袁隆平先生身邊當祕書。讀書時我就知道，袁隆平，一場震撼世界的「綠色革命」的領跑者，突破了經典遺傳學中「自花授粉作物沒有雜交優勢」的傳統觀念，摘取了雜交水稻這顆綠色王國科學皇冠上的璀璨明珠，在世界農業科學發展史上樹立了一座高大的里程碑，被國際上譽稱為「雜交水稻之父」…… 能給這位世界著名的科學家當祕書，我感到既幸福又有些緊張，那種敬畏感是不言而喻的。記得當時我忐忑不安地走進袁先生的辦公室，只與他交談了幾句，他那開朗寬厚的性格，馬上打消了我的緊張情緒。很快，我和所有在他身邊的同事一樣，把他當成了一位親切可敬的長者，和大家一樣稱他為袁老師。後來，我成為他正式的學生，「袁老師」這個稱呼對我來說就更不一樣了，因為我非常榮幸地能夠跟隨他在綠色王國裏探尋、求索。

算到今年，我跟從袁先生工作已經 14 年有餘了。我以為幾乎每天在他身邊工作，聽他講述所經歷過的歲月往事是很方便容易的事，於是我欣然接手這項訪談整理任務。然而實際的過程並不像想像中那麼簡單。因為袁先生雖年屆 80，但他根本就沒有退休，甚至沒有絲毫頤養天年的意思，他是一位從不知足、無休求索、躬耕不疲的人；他又是一位不愛張揚、處世低調的人，尤其是有關自己的事更是不太在乎；外加事務纏身，他竟沒有多少「口述」的時間。好在他的一舉手、一投足，他的神情語氣、態度性情，一一都是我所熟悉的。於是乎我使盡渾身解數去搜羅有關他的一切，隨時隨地記錄他的所言所行，查找他的聲像資料和檔案文獻，不放過方方面面相關人員提供的情況，尤其是訪問他的夫人鄧則老師，還採取「看圖憶事」這種方式，儘量挖掘他和有關人員的回憶，如此等等，總算獲得不少整理寫作該書的第一手資料。

世界的糧食危機不時湧動，糧食安全是人類和平的重要元素。與其坐歎這是一場輸不起的戰爭，不如奮起抗擊、抓住保障糧食安全的利器！這種消除飢餓就是對增進和平的理解和詮釋，正是袁隆平先生畢生的追求，也正是我要記錄他心路歷程的關鍵所在。

「成功易使人陶醉，莫把百尺當盡頭。」這是袁隆平院士的座右銘，而正是這樣的座右銘，令袁隆平院士帶領雜交水稻研究團隊百尺竿頭、更進一步，從而以這樣的勇氣又取得了無比豐碩的成果。所以說，這幾年是超級雜交稻再度輝煌的時期。自 2000 年、2004 年先後實現超級雜交稻大面積示範畝產 700 公斤、800 公斤的第一期、第二期目標以後，2011 年、2012 年連續兩年大面積示範超級雜交稻平均畝產超過 900 公斤，圓滿實現第三期目標。人們估摸着袁隆平院士該止步稍息了，然而他卻馬不停蹄地給農業部部長韓長賦寫信，目標鎖定攻關第四期畝產 1000 公斤超級雜交稻。2013 年 4 月 9 日，韓長賦部長和袁隆平院士在海南三亞的超級稻試驗田間宣佈正式啟動，極大地振奮了士氣，僅僅經過兩年的努力，2014 年 10 月 10 日，在湖南省溆浦縣橫板橋鄉紅星村的「Y 兩優 900」百畝示範片經農業部組織專家組驗收，創平均畝產 1026.7 公斤的產量新紀錄，取得第四期超級稻攻關的重大突破。如今的袁隆平院士該滿足了嗎？可他仍說滿意而不滿足，再次直擊水稻超高產育種的新難題——攻關每公頃 16 噸的目標！他說：「有人說要在我的『90』後實現目標，不行，太久了，要在『90』前即 2020 年以前實現。」

我一直認為「挑戰」與「拚搏」永遠是這位科學家永恆的人生境界。在鼓勵追求夢想的今天，我覺得袁院士的人生永遠富於夢想，更勇於踐行夢想。夢是人類特有的精神現象，人有夢想，才會有奇蹟，人類許多奇蹟往往就是從夢想開始的。袁院士說：「神奇的夢想誕生於平凡之中，也能夠在平凡之中成真。」他所指的「平凡」，我理解就是落實在實踐。所以，這種夢想是不脫離實際的美夢，它能成為指導事業追求的強大動力，使他付出畢生熱血和精力為之奮鬥不息。「我夢見，試驗田裏的水稻長得比高粱還高，稻穗有掃帚那麼長，籽粒有花生米那樣大，我和幾個助手就坐在像瀑布般的稻穗下乘涼……」2012 年 9 月 10 日，在印度海德拉巴舉行的第六屆雜交水稻國際會議上，袁院士依據水稻高產育種的歷程，特別是超級雜交稻第一期、第二期、第三期目標攻關實踐，總結了一個規律或趨勢：在收穫指數一定的前提下，稻穀的產量隨株高的增加而增加。因此，稻株高度育種的變化也可能是由高變矮，再上升到半矮、半高、新高、超高。也就是説，未來超高產的雜交水稻株高可能越長越高，可達 1.6 米或 1.8 米或 2 米，超級雜交稻產量潛力則可達 15－20 噸 / 公頃。也許這一新的思想將指導未來水稻夢想成真。有偉大的夢想才有偉大的追求，袁院士的超級挑戰與拚搏將詮釋和成就他的「禾下乘涼夢」。

這裏不能不提及請華國鋒老人作序的事情。如書中所述，袁先生與華老之間感情甚篤，我們想到華老早年對袁先生研究雜交水稻的支持，深感請他作序是再合適不過了。果然，華老非常樂意地應允了為《袁隆平口述自傳》作序。2008 年 4 月，華老作好了序。然而，我在等待去取他簽了字的序言期間，卻傳來他與世長辭的消息。沒能見到華老，成了我終身的遺憾！所幸的是，整理《袁隆平口述自傳》，留下了他對雜交水稻研究與發展的支持，也留下了他對雜交水稻未來發展的良好祝願。

書稿整理中，謝長江先生提供了寶貴的參考資料；張橋女士為檔案資料的查詢等付出了很多辛勞；鄧則老師，尹華奇、羅孝和研究員、陳紅怡女士等給予了大力幫助；王精敏、王建平、曾春暉等同事和朋友，江西德安縣宣傳部、湖南安江農校、武漢市博學中學以及許多有關人士，提供了很好的圖片資料，為本書增色了不少；湖南雜交水稻研究中心的領導也給予了很高的重視和支持。在此，我一並表示感謝！蒙程光勝先生審閱全部書稿，提出了許多寶貴的修改意見，在此深表謝意！

特別感謝曹萬貴將軍、施芝鴻老師以及曾松亭博士對此書給予的支持！

此次再版，我深感袁隆平院士始終保持的亢奮工作狀態和開拓創新所取得的屢屢碩果必將再次吸引廣大的讀者朋友，因此，我將這幾年的一些新情況、新進展再做了必要的訪談和補充，藉再版之機呈現給大家，以饗讀者。

辛業芸
2015 年 8 月 20 日

2009 年 7 月 辛業芸與袁隆平在湖南雜交水稻研究中心進行訪談（王長治攝）

20 世紀
中國科學家口述史

袁隆平
口述自傳

袁隆平　口述
辛業芸　訪問整理

責任編輯　徐嘉雷
裝幀設計　鄭喆儀
排　　版　廖彥彬
印　　務　林佳年

出版　開明書店
香港北角英皇道 499 號北角工業大廈一樓 B
電話：(852) 2137 2338　傳真：(852) 2713 8202
電子郵件：info@chunghwabook.com.hk
網址：http://www.chunghwabook.com.hk

發行　香港聯合書刊物流有限公司
香港新界荃灣德士古道 220-248 號
荃灣工業中心 16 樓
電話：(852) 2150 2100　傳真：(852) 2407 3062
電子郵件：info@suplogistics.com.hk

印刷　美雅印刷製本有限公司
香港觀塘榮業街 6 號海濱工業大廈 4 樓 A 室

版次　2021 年 8 月初版

規格　32 開 (210mm×145mm)

ISBN　978-962-459-079-1